Ludwig Moritzberger

Das Geheimnis der Planeten

Ludwig Moritzberger

Das Geheimnis der Planeten

Leben und Werk
des großen Astronomen
Johannes Kepler

Urachhaus

CIP-Titelaufnahme der Deutschen Bibliothek

Moritzberger, Ludwig:
Das Geheimnis der Planeten : Leben und Werk des großen Astronomen Johannes Kepler / Ludwig Moritzberger. –
2. Aufl. – Stuttgart : Urachhaus 1989
ISBN 3-87838-622-2

ISBN 3 87838 622 2

 Umschlaggestaltung Sabine Friedrichson, Hamburg. Satz und Druck der Offizin Chr. Scheufele, Stuttgart.

I

Der Schnee fiel an diesem Wintertag im Jahre 1576 in dichten Flocken auf die Dächer und den Marktplatz von Leonberg. Johannes jubelte. Der Vater zog nicht mehr in den Krieg. Die Großmutter, die oft mit der Mutter gestritten hatte, war in Weil der Stadt geblieben. Nur Großvater Sebald fehlte ihm.

Weil der Stadt hatte ihm Unglück gebracht. Gleich nach der Geburt des Sohnes war der Vater nach Flandern in den Krieg gezogen, und die Mutter war ihm ein Jahr darauf nachgereist. Bis zum Herbst hatte Johannes bei den Großeltern gelebt.

In Leonberg am Markt hatten seine Eltern ein prächtiges Haus gekauft. Die Kinder aus der Nachbarschaft spielten gern mit ihm. Heute wollte ihm Friedrichs Vater eine Faßdaube schenken. Er würde sie mit Wachs glätten und mit den anderen Kindern den Berg hinunterrutschen.

In den Gassen waren die Schneewälle entlang der Häuser so hoch, daß Johannes nicht darüber hinwegsehen konnte. »Das hat die Welt noch nicht gesehen!« riefen die Leute einander zu.

In der steilen Badergasse war auf dem hartgefahrenen Schnee ein Pferd gestürzt. Der Kutscher knallte mit der Peitsche und zerrte am Zaumzeug. Vergeblich, das Pferd hatte ein Bein gebrochen und schnaubte weiße Wolken in die Luft.

Der Roßschlächter kam, eine Lederschürze vor dem Körper und ein schwertlanges Messer in der Hand. Der Stahl blitzte und drang in die Brust des Pferdes. Warm und rot floß das Blut in den Schnee.

Johannes senkte den Kopf und rannte davon. Er sah die großen Augen des Pferdes glänzen. Eben hatte es noch einen Wagen gezogen, und nun wurde es geschlachtet. Zum Glück wurde zu Hause nie Pferdefleisch gegessen.

Beinahe wäre Johannes am Hause des Böttchers vorbeigelaufen. Friedrichs Vater baute große Weinfässer. »Die Daube dort an der Wand, die gehört dir«, sagte der Böttcher. »Sie ist ein bißchen groß für dich, aber du wirst sie schon fortbekommen.«

»Danke.« Johannes strich über das Holz. »Sie ist sehr schön«, sagte er anerkennend. Er preßte die Daube mit beiden Armen an den Körper und schleppte sie fort.

»Friedrich ist schon auf dem Berg!« rief der Böttcher ihm nach.

Johannes sah Friedrich und die andern Kinder den Hang hinunterrodeln, aber bis dahin schaffte er es nicht. Er ließ die Daube in den Schnee fallen und schob sie vor sich her. Das ging besser, war aber auch mühsam. Ziehen müßte er sie können.

Bis zum Abend lag er auf den Knien im Stall und bohrte mit dem Messer ein Loch in die Daube. Endlich konnte er einen Strick hindurchfädeln und die Daube über den Hof und durch den Garten ziehen. Sie rutschte leicht wie eine Feder hinter ihm her. Wenn es nur erst Morgen wäre!

In der Nacht wachte er mehrmals auf. Der Mond schien hell, und der Schnee glänzte auf den Dächern. Der Nachtwächter blies in sein Horn und sang seinen Spruch. Johannes hörte den Vater schnarchen und seinen kleinen Bruder am Daumen lutschen. Was würden die andern sagen, wenn er seine Daube zog?

Gleich nach dem Frühstück rannte er los. Friedrich und Matthias waren gerade den Hügel hinuntergerodelt. Sie gingen um die Daube herum und lachten. »Mensch«, meinte Friedrich, »was machst du denn da? Ziehst wie Schlachter Müllers Hund. Paß nur auf, daß du nicht über den Strick stolperst.«

»Kommt ihr mit?« fragte Johannes. Er flitzte den Berg hinauf. Er lief viel leichter als die anderen, die ihre Daube auf den Schultern balancierten oder vor sich herschleppten. Wer zuerst oben ist, rodelt zuerst, dachte er und setzte sich.

Die Daube rutschte gut und so schnell, daß die Schneebälle ihn verfehlten. Erst im tiefen Schnee weit unten blieb sie stehen. Johannes nahm den Strick und zog wieder bergan.

Josephine wartete auf ihn. »Kannst du mir auch einen Strick dranmachen?«

»Dauert einen Tag«, antwortete er und blickte auf ihr vom Frostwind gerötetes Gesicht. Sie hatte lange dunkle Wimpern. Ihre Lippen waren von der Kälte aufgesprungen.

»Morgen mach' ich's«, sagte Johannes. »Kannst deine Daube unten mit drauflegen. Ziehen ist ganz leicht. Komm.«

Ein Schwarm von Schneebällen flog ihnen entgegen. Josephine kreischte. Jemand hatte ihr eine Handvoll Schnee in den Kragen gesteckt. Johannes warf einen Ball nach dem andern. Die Kinder lachten, schubsten sich, fielen und rollten sich im Schnee, sie japsten und kicherten.

»Wie Schneemänner sehen wir aus«, meinte Matthias. Sie klopften einander den Schnee von Jacken und Hosen, strichen sich die Haare glatt und setzten ihre Mützen wieder auf.

»Jetzt machen wir die Daubenreihe!« rief Friedrich und stürmte den Berg hinauf. Aber Johannes überholte ihn schnell, obgleich auf seiner Daube noch die von Josephine lag.

»Gilt nicht!« keuchte Friedrich. Er schwitzte und warf seine Daube auf die andere Schulter. Einer nach dem andern erreichte die Bergkuppe und betrachtete Johannes' Daube.

»Rund ist das Loch ja nun gerade nicht«, schnaufte Friedrich.

»Der Strick ging durch«, antwortete Johannes ruhig.

»Was hältst du davon?« wandte sich Friedrich an Matthias.

Matthias hatte seine Daube wie ein Schild vor sich hingestellt.

»Bißchen zackig, sage ich.« Er stieß den Atem hörbar durch den Mund.

»Aber er kann ziehen«, trat Josephine für Johannes ein. »Siehst ja, wie es geht.«

»Mh«, brummte Friedrich. »Wo warst du gestern? – Hat's den ganzen Tag gedauert?«

Johannes nickte. »Geschickt bin ich nicht«, gab er zu.

»Aber draufgekommen bist du«, meinte Friedrich anerkennend und sah nachdenklich auf den viel kleineren Johannes.

»Los jetzt!« rief Matthias. »Alle auf die Dauben und angefaßt!«

Im Nu hatten sie eine Reihe gebildet und sausten über den harten Schnee, schossen durch kleine Mulden, wirbelten nach links und rechts.

Der Mond stieg schon rund und kalt über dem Wald auf, als Johannes nach Hause kam. Seine Strümpfe waren naß. »Sofort ein heißes Fußbad«, befahl die Mutter. »Und eine Handvoll Salz hinein. – Kein Wunder, wenn du Frostbeulen bekommst.«

»Ist Vater schon zu Hause?« Johannes betrachtete den Bauch der Mutter, der sich rund und groß unter dem Kleid wölbte.

»Nein«, entgegnete sie hart.

Seit einigen Tagen saß der Vater jeden Abend im Gasthaus und hielt andere frei. Man hörte ihm gern zu. Ja, das war ein Mann, der Heinrich Kepler. Hatte die Welt gesehen und Pulver gerochen.

»Bombardement«, lallte der spindeldürre Schneidermeister, der nur ein Maß Wein vertragen konnte. »Bombardement taramtala.«

»Fliegenschlächter.« Der Hufschmied schob den Schneidermeister, der sich an ihn lehnte, wie eine Gerte von sich.

»Sauf nicht so viel!« brüllte er ihm gutmütig grollend ins Ohr.

»Wo soll's auch hin bei dir außer in den Kopf.« Die Männer um den Tisch hieben sich auf die Schenkel, lachten und sangen: »Unser Kepler lebe hoch, hoch!« »Noch eine Runde, Wirt, aber hopplahopp!« rief Heinrich Kepler und schwenkte das Maß, während der Schneidermeister hochschnellte, die dürren Arme in die Luft stieß und rief: »Bombardement, taramtala, Bombarde ...«

Er verschluckte die letzte Silbe. Der Hufschmied hatte ihn am Hosenbund gepackt und reichte ihn über den Tisch zu Kepler, der ihn genauso dem Wirt weiterreichte. Die Männer prusteten vor Lachen und wischten sich die Tränen aus den Augen.

Spät in der Nacht kam Heinrich nach Hause, warf die Tür zu, stapfte über den weiten Flur und die Treppe empor ins Schlafzimmer.

»Weck das Kind nicht auf!« zischte die Mutter. Aber Johannes war bereits hellwach.

»Sei nicht so zimperlich«, grollte der Vater. »Warst es in Flandern auch nicht.«

»Wir sind nicht im Feldlager.« Die Stimme der Mutter klang schneidend. Sie hatte mehr als genug vom Leben der Landsknechte, ihrem Herumgeziehe mit Frau und Kindern, dem Prassen und Prahlen, dem Rauben und Töten.

»Für wen hast du Kopf und Kragen hingehalten?« fuhr sie fort. »Für die Spanier, die auch in unser Land einfallen können.«

»Red nicht so dummes Zeug«, schimpfte der Vater. »Habe ich gutes Geld mitgebracht oder nicht?«

»Wollen wir nicht endlich wie andere auch leben?« lenkte die Mutter ein.

»Immer schön zu Hause sitzen, wie? Den Lokus flicken, Öl auf die Lampe gießen. Holz an den Ofen schleppen. Während draußen die Welt aus den Angeln geht. Ich bin doch kein Stubenhocker, kein Schlafmützenkopf. Ich bin ein Mann, ein richtiger Mann.«

»Ich habe auch meine Arbeit«, entgegnete die Mutter bitter. »Wir müssen das Geld zusammenhalten. Wie sollen wir sonst über den Winter kommen?«

»... wenn ich das Geld ins Wirtshaus schleppe, wolltest du doch sagen.« Der Vater plumpste schwer ins Bett. »Das ist meine Sache. Und im Frühjahr, damit du es weißt, im Frühjahr«, er begann zu summen »... Bombardement taramtala. – Spanien wirbt wieder Soldaten an. Im Krieg, da ist der Mann noch was wert! Hauptmann Kepler«, er hob die Stimme, »Hauptmann Kepler, Bombardement!«

Die Mutter antwortete nicht. Johannes hörte sie leise weinen. Sein Herz krampfte sich zusammen. Am liebsten hätte er sich neben Mutter und Vater gelegt und sie miteinander versöhnt, aber er wagte nicht, sich zu rühren. Lieber Gott, hilf ihnen doch, flehte er lautlos. »Paßt dir wohl nicht«, sagte der Vater nach einer Weile. »Hast ja den Johannes jetzt, der ist groß genug, kann dir helfen. Er muß kräftig arbeiten, damit er Saft in die Muskeln kriegt.«

»Johannes kommt in die Schule, habe ich dir gesagt, und dabei bleibt es.« Die Stimme der Mutter klang fest. »In die Schule«, äffte der Vater die Mutter nach. »Soll ein Stubenhocker werden, ein Bücherwurm, ein Pfaffenherrchen wie mein lausiger Bruder, wie? Ein Nichtsnutz!« Der Vater legte sich hin, und bald hörte Johannes seinen tiefen, gleichmäßigen Atem.

Die Mutter würde traurig sein, aber er durfte nicht zu ihr gehen. Sie sollte nicht wissen, daß er alles mitangehört hatte.

Johannes traf sich nur noch selten mit den andern Kindern zum Spielen. Er half dem Vater im Haus und auf dem Hof, bei der Gartenarbeit, beim Stapeln von Holz und bei der Reparatur des Zauns.

Er gab sich große Mühe, aber seine Augen waren nicht gut, so daß er oft danebengriff. Doch er ließ sich nicht entmutigen, der Vater sollte Freude an ihm haben und nicht wieder fortgehen. Er wollte sich auch nicht mehr auf die Schule freuen.

Als er nach Ostern die Lateinschule besuchen durfte, irrten seine Gedanken oft nach Hause. Bald aber fesselte ihn der Unterricht so, daß er alles andere vergaß.

Lesen und Schreiben war etwas Wunderbares. Was er mit dem Mund sagte, konnte er den Augen aufmalen. Jeder Buchstabe entsprach einem bestimmten Laut: A oder O oder K oder L. Bald konnte er Silben bilden und Wörter schreiben: Johannes, Mutter, Friedrich. Zwei Wörter ergaben schon einen Satz: Ich laufe. Das war herrlich. Er schrieb einen Satz, und ein anderer verstand ihn. Der Mutter brauchte er kein Wort zu sagen; er schrieb auf seine Tafel: ich gehe zu Josephine. Und sie wußte, wo er war. Wer nicht lesen und schreiben konnte, war wie ein Blinder.

Die Tage im Mai waren warm. Der Wind trocknete die Pfützen und die verschlammten Wege. Die Fenster des Klassenzimmers waren geöffnet. In den Gärten zwitscherten die Vögel.

Plötzlich zerrissen Trommelwirbel die Stille. Johannes zuckte zusammen. Rufe und Schreie ertönten.

Der Lehrer, ein junger Hilfspfarrer, faltete die Hände und schwieg einige Atemzüge. Die Schüler rutschten unruhig auf den Bänken hin und her. Einer fuhr mit einem Griffel hart und kreischend über die Schiefertafel. Unter dem vorwurfsvollen Blick des Lehrers senkte er den Kopf.

»Wir singen ›Ein feste Burg ist unser Gott‹«, rief der Lehrer. »Du, Johannes, sagst uns aber erst, wer das herrliche Lied geschaffen hat.«

»Martin Luther!« antwortete Johannes.

Die Schüler traten neben die Bänke. Johannes war von allen

der Kleinste und Schmächtigste. Aber er hatte eine schöne Stimme, und Singen war für ihn so schön wie Lesen und Schreiben. Fast hätte er den Lärm vergessen, aber da ertönte die Schulglocke, und Friedrich riß ihn mit sich fort zum Marktplatz.

Vor dem Gasthaus »Schwarzer Adler« umringten Frauen und Männer eine Gruppe von Werbern, spanische Soldaten zu Pferde mit einem buntgekleideten Kapitano in der Mitte.

Die Kinder bestaunten seine Kleidung. Der randlose schwarze Hut war mit einem weiß-rot-grünen Federbusch geschmückt, der dem Spanier bis in die Stirn hing. Unter dem ärmellosen schwarzen Schultermantel sah man das hochgeschlossene Wams, das zum Schoß hin spitz zugeschnitten war, darunter die gebauschten Hosen, die eine Handbreit über dem Knie endeten. An der Seite hing mit goldverziertem Griff ein langer Degen. In dem Gürtel des gesteppten Wamses steckte eine mit Silber beschlagene Pistole.

Trommler und Pfeifer spielten einen Tanz. Der Kapitano hob sich im Sattel, zog den Hut und rief: »Männer, sitzt ihr immer noch hinter dem Ofen, während draußen in der Welt große Dinge geschehen? Glaubt ihr vielleicht, das Glück kommt euch ins Haus geschneit? Wollt ihr es euch nicht holen?« Er beruhigte das tänzelnde Pferd und fuhr fort: »Don Juan de Austria, Spaniens neuer Feldherr, sucht tapfere Männer, die ihr Glück machen wollen. Kleidung, Essen und Trinken, alles umsonst. Dazu der Sold und reiche Beute.«

Ein Trommelwirbel unterstrich die Worte des Kapitano, der seinen Hut wieder aufsetzte und fortfuhr: »Wir holen uns die Schätze aus Holland und Seeland, von den Abtrünnigen, die sich unserm allergnädigsten Herrscher Philipp, Sohn des großen deutschen Kaisers Karl, widersetzt haben.« Er hob die Stimme: »Ich sehe kräftige Buschen unter euch, das doppelte Handgeld dem, der sich uns gleich heute anschließt. Es lebe das mächtige

Spanien, in dem die Sonne nicht untergeht. Nieder mit den Niederländern!«

»Als wenn wir unsere Männer nicht selber brauchten!« entrüstete sich eine Frau.

»Warum läßt man diese Kerle überhaupt in unsere Stadt?« fragte eine andere empört.

»Werft sie hinaus!« riefen mehrere durcheinander. »Sie wollen uns unsere Söhne und Männer wegschleppen. Was gehen uns die Spanier an. Schande über den, der unsere evangelischen Brüder verrät.«

Die Frauen drangen auf die spanischen Werber ein, bis der Kapitano seine Pistole zog und einen Schuß in die Luft feuerte. Johannes starrte erschrocken auf den Rauch, der wie eine Fahne in der Luft hing. Es war ganz still geworden.

Der Wirt steckte den runden Kopf durch die Tür und verbeugte sich vor dem Kapitano. »Willkommen in meinem Haus«, sagte er unterwürfig. Den Frauen aber rief er zu: »Weiber haben hier nichts zu suchen. Der Kapitano hat die Erlaubnis unseres allergnädigsten Kaisers.« Er zwinkerte dem Spanier zu, der noch einmal seinen Hut schwenkte und rief: »Das doppelte Handgeld heute, bedenkt es wohl, ihr Männer!«

Johannes entdeckte seinen Vater, der gleich hinter dem Kapitano ins Gasthaus drängte. Er war verzweifelt. Jetzt würde der Vater gehen, nichts würde ihn mehr halten. Die Mutter hatte den kleinen Bruder an der Brust, der mit geschlossenen Augen trank. Auf Wunsch des Vaters hatten sie ihn Sebald genannt, aber der Großvater hatte kein großes Taufgeschenk mitgebracht.

»Spanische Werber sind im Adler«, flüsterte Johannes. »Ich weiß«, antwortete die Mutter. Ihre dunklen Augen glänzten unheimlich. »Wir werden schon durchkommen«, fuhr sie beruhigend fort, als sie Tränen an der Wange ihres Sohnes sah.

Ich muß mit ihm reden, sagte sich Johannes. Er lief zum Schwarzen Adler und schlich in die Gaststube. Der Vater saß am Tisch des Kapitano. Sie sprachen leise miteinander.

Unbemerkt gelangte Johannes unter den Tisch. Seine Augen gewöhnten sich schnell an das Dämmerlicht. Er sah die grünen Hosen seines Vaters und die grauweißen Strümpfe des Spaniers. Am liebsten hätte er dem Kapitano ein Messer ins Bein gestoßen.

»Hauptmann Kepler«, hörte er die Stimme des Spaniers, der wie ein Deutscher sprach. »Ich bin stolz, einen solchen Mann hier zu treffen. Mann, du kanntest Herzog Albas Kommandeure noch! Requesens war zu schwach, aber mit Don Juan werden wir siegen. Doppeltes Handgeld, Hauptmann Kepler.«

»Bin's eigentlich leid«, antwortete der Vater zur Freude Johannes'. »Habe Frau und Kinder und ein großes Haus am Ort.«

Der Spanier sagte »Prosit!« und fuhr nach kurzer Pause fort: »Ich sage dir, wenn du es richtig anpackst, kommst du als großer Herr zurück. Ehre, Ruhm und einen Batzen Geld. Dann hast du für dein Leben ausgesorgt.«

Hör nicht auf ihn, suchte Johannes den Vater im stillen zu beschwören. Der Kapitano verspricht und verspricht, er will dich nur locken.

»Wie hoch ist denn das Handgeld für einen Hauptmann wie mich?« fragte der Vater. Es sollte wohl gleichgültig klingen, aber Johannes hatte das Gefühl, daß der Vater schon ins Garn gegangen war.

»Für einen Mann wie dich?« Der Spanier lachte trocken. »Kamerad, du bekommst von mir dreifaches Handgeld, wenn du der erste bis, dreihundert in Gold. – Aber das bleibt unter uns.«

Johannes konnte die letzten Worte, die der Spanier geflüstert hatte, gerade noch verstehen. Er schwitzte und wußte nicht, was er tun sollte.

»Dreihundertfünfzig in Gold«, flüsterte der Vater. Eine flache Hand krachte auf die Tischplatte. Johannes zuckte zusammen.

»Top!« rief der Spanier. »Der erste Mann, das beste Geld!«

Johannes sah die Hand des Spaniers unter dem Tisch in seine Bauschhose greifen und einen Beutel herausziehen. »Das fürs erste«, hörte er ihn sagen.

»Und bring die Feder, Schreiber. Hauptmann Kepler aus Leonberg ist ab heute Geschützmeister in unserem Heer. Er lebe hoch!«

Johannes sah die Beine des Schreibers auf den Tisch zukommen. Er schnellte vor und stieß mit der Schulter dem Schreiber gegen die Knie. Der Mann über ihm schwankte und stürzte in voller Länge über ihn hinweg.

Ein Schwapp Tinte spritzte über Johannes, doch er merkte nichts mehr. Er rannte aus der Gaststube über den Hof, kletterte über eine Mauer, sprang in einen Garten und lief, bis er außer Atem das Elternhaus erreichte.

2

Johannes preßte die Lippen zusammen, als der Vater hinter den Werbern durch das Stadttor ritt.

Die Sonne warf grelle Strahlen gegen eine schwarze Wolke, die über dem Engelberg heraufzog. Das zarte Grün der Birken und Buchen flatterte unter den Böen des Windes. Die Reiter überquerten die Glemsbrücke und verschwanden hinter einer Wegbiegung.

Tränen stiegen Johannes in die Augen. Oft hatte der Vater vom Kampf erzählt. Wie leicht konnte ihn eine Kugel treffen, ein Spieß durchbohren oder eine Keule ihn niederstrecken. Johannes wandte sich um und lief zur Mutter, die ihn in die Arme schloß.

Es wurde ruhiger zu Hause. Johannes vermißte den Vater nicht so wie in Weil der Stadt. Damals hatte er sich nach ihm gesehnt, aber wenn er jetzt über ihn nachdachte: abends ins Wirtshaus und grob zur Mutter, nörgelnd über die täglichen Arbeiten, die er nicht mochte …

»Ich kann ihn nicht anbinden«, sagte die Mutter bitter. »Gott steh ihm bei.« Sie sprach nicht mehr vom Vater, aber Johannes spürte, daß sie oft an ihn dachte.

In der Schule kam er gut voran. Nachmittags half er auf dem Feld und im Garten. Manchmal kam Großvater Sebald zu Besuch, Johannes mochte den kräftigen Mann mit dem roten Bart. Aber wenn die Großmutter mitkam, gab es Streit. Sie behauptete, die Mutter sei schuld, daß der Vater wieder ins Feld gezogen war.

Der Sommer ging dem Ende entgegen, aber vom Vater war

noch immer keine Nachricht gekommen. Johannes fühlte sich schlapp. Müde schleppte er sich zur Schule, und es gelang ihm nur mühsam, dem Unterricht zu folgen. Wenn er sich aufraffte, vernahm er die Worte des Lehrers wie aus weiter Ferne. Sein Kopf schmerzte, er fühlte sich so matt und elend wie noch nie.

»Was ist mit dir los, Johannes? Hast du meine Frage nicht gehört?« Der Lehrer ging auf ihn zu.

Johannes war heiß und schwindlig. Ein Gefühl wie zum Erbrechen saß ihm in der Kehle.

»Komm mal vor!« Das war die Stimme des Lehrers. Tatsächlich, er konnte noch laufen. Seine Beine waren weich wie Pudding. Er schwankte und spürte noch, wie es dunkel um ihn wurde und zwei Hände ihn auffingen, dann wußte er nichts mehr.

Als er zu sich kam, lag er in seinem Bett. Es war dämmrig im Zimmer, eine Decke hing vor dem Fenster. Die Stille ängstigte ihn. Sein Herz klopfte wie das der Schwalbe, die er einmal in der Hand gehalten hatte. Sein Gesicht glühte. In ihm brannte ein Feuer.

Er erinnerte sich, etwas geträumt zu haben. Es war immer das gleiche gewesen. Er lief auf ein Haus zu. Plötzlich sah er seinen Vater aus dem Fenster blicken. Und dann sah er Flammen bis in den Himmel wachsen.

Johannes bemerkte die Mutter erst, als sie sich über ihn beugte. Neben ihr sah er das Gesicht einer Nachbarin. Er versuchte zu lächeln, aber er wußte nicht, ob es ihm gelang.

»Die Blattern sind es«, hörte er sagen, »nicht die Masern.« Eine Hand zog die Decke zur Seite. »Dieser Ausschlag mit dem Blut, das ist nur bei den Blattern so.«

»Ich werde ihn durchbringen.«Das war die Stimme der Mutter.

Sein Hals war ganz trocken. »Durst«, krächzte er. Es war

ihm, als nicke die Mutter. Er spürte einen Gegenstand zwischen den Lippen und etwas in den Mund fließen, es brannte wie Feuer. Aber er schluckte und schluckte – bis er einschlief.

Als er wieder erwachte, fühlte er sich nicht mehr so heiß. Seine Hände erschreckten ihn. Sie waren von linsengroßen roten Flecken bedeckt, in deren Mitte kleine Knoten lagen.

Die Mutter gab ihm zu trinken. Woher sie nur immer wußte, wann er aufwachte. Essen mochte er nichts, aber die Mutter fütterte ihn. »Milch mit Ei und Wein«, sagte sie. »Du mußt etwas essen.« Sie gab nicht nach und flößte ihm die breiige Flüssigkeit ein.

Manchmal tupfte sie seine Haut mit einer sauren Flüssigkeit ab. Wenn er auf den Topf mußte, legte sie ihm eine Decke über den Rücken. Ihm war so taumelig, daß sie ihn immer stützen mußte.

Als der Schüttelfrost einsetzte, schnellte das Fieber hoch. Die Pusteln schwollen an und begannen zu eitern. Johannes lag ohne Besinnung. Er träumte und schrie auf, wenn er glaubte, in die Flammen zu stürzen.

Er wußte nicht, wie viele Tage vergingen. Er fühlte nur, daß er nicht allein war.

Die Mutter sah erschöpft aus, als er sie zum ersten Male wieder erkannte. Aber sie lächelte und legte ihre Hand auf seinen Kopf, auf dem die blonden Haare klebten. Die Locken waren verschwunden.

Auf den Pusteln saß Schorf. Je stärker Johannes sich und seine Umgebung spürte, desto heftiger empfand er den Juckreiz. Seine Finger zuckten und suchten die Stellen, die ihm Qualen bereiteten.

»Nicht kratzen«, sagte die Mutter. »Der Schorf muß abheilen, sonst gibt es böse Narben.«

Johannes bewegte sich; überall juckte die Haut. Er konnte es nicht mehr aushalten, er wollte sich kratzen. Die Mutter bemerkte seine Not.

»Ich muß dir die Hände und Beine anbinden«, sagte sie entschlossen. »Du mußt aushalten. Du willst doch wieder gesund werden.«

Die Nächte waren am schlimmsten. Er wünschte sich Essig und Eis auf der Haut oder Öl oder Wasser, das er sonst gar nicht mochte. Vielleicht konnte er die Hände aus den Schlingen ziehen?

Er wünschte, daß es ihm nicht gelänge, doch die Hände waren so schmal geworden, daß sie hindurchschlüpften. Nun konnte ihn nichts mehr hindern, die Binden abzuwickeln.

Eine wilde Lust, sich für die endlose Quälerei an seinem Körper zu rächen, ergriff ihn. Gar nicht schnell genug wollten die Binden von den Händen abgehen. Endlich, endlich hatte er die Finger frei.

Da war die Mutter bei ihm, zog ihm die Hände auseinander, wickelte die Binden darum und band sie fest.

Johannes ließ es willenlos über sich ergehen. Er war plötzlich so erschrocken und erschöpft, daß er den Kopf auf die Seite legte und einschlief.

Die letzten Tage waren wie Feiertage. Das Jucken ließ nach, der Schorf löste sich von der Haut und hinterließ zarte Narben. Morgens und abends tupfte die Mutter die Pusteln mit einem ölgetränkten Lappen ab. Er freute sich jedesmal darauf und zählte die Pocken, die noch abfallen mußten.

»Werde ich häßlich aussehen?« fragte er.

»Du bist ein schöner Junge«, antwortete die Mutter. Sie sah wieder frisch aus und erzählte ihm munter, was in der Stadt alles passiert war.

»Und der Vater!« fragte er zögernd.

»Wird schon wiederkommen«, sagte sie leichthin. »Unkraut

vergeht nicht. Es ist ein Wunder, daß dein Bruder nicht angesteckt wurde.«

Am letzten Tag, bevor er aufstehen durfte, sah ihn die Mutter ernst an. »Ich glaubte schon, es würde dir wie Friedrich und Josephine ergehen.«

Johannes riß die Augen auf. »Was ist mit ihnen?« fragte er erschrocken.

»Du wirst nicht alle wiedersehen. Viele hatten die Blattern. Auf dem Friedhof sind sie.«

Johannes glaubte, ihm würde die Kehle zugedrückt. Josephine, Friedrich! Er starrte auf das Kreuz an der Wand und weinte lautlos vor sich hin.

»Ist ja gut«, flüsterte die Mutter. »Sie sind im Himmel, Bringst ihnen einen schönen Strauß Blumen aus dem Garten. Wirst dich wundern, wie alles noch blüht.«

Johannes weinte sich in den Schlaf. Die Mutter hörte auf seine Atemzüge. Dünn war er geworden, ganz abgemagert. Aber sie würde ihn schon herausfuttern. Hauptsache, er lebte. Sie faltete die Hände zum Gebet.

Die Mutter konnte wunderbar kochen. Johannes aß und schlief und träumte von Gärten und Wiesen. Bald hielt er es nicht mehr im Bett aus. Die Beine knickten ihm ein, doch er stützte sich und wankte ans Fenster.

Die Sonne schien, Rauchschwalben flogen wie Blitze über die Dächer. Johannes öffnete das Fenster und sog die Luft tief ein. Es roch nach reifem Getreide und Heu, nach Dung und Rauch.

Die Mutter führte ihn zurück ins Bett. Johannes seufzte. Er sehnte sich nach Gras und dem Geruch von Harz; und er freute sich auf die Schule.

Unter seinem Fenster hörte er die Leute sprechen. Die redeten seit Tagen nur von einem Kometen. »Ich werde ihn dir zeigen, wenn du gesund bist«, sagte die Mutter.

Johannes durfte schon aufstehen und konnte die Zeit kaum abwarten. Er lief im Zimmer umher, über den Flur, die Treppe hinunter, auf den Hof und durch das Stallgebäude in den Garten. Die Astern blühten rot und blau. Die Kürbisse auf dem Komposthaufen waren gelb und dick. Wespen summten im Birnbaum.

Endlich sagte die Mutter: »Vom Engelberg können wir den Kometen gut sehen.«

Unter den Bäumen war es schon dämmrig, als sie den steilen Pfad hinaufstiegen. Unterhalb der Burg wehte ein frischer Wind. Johannes drückte sich enger an die Mutter, die seine Hand fest umschloß. Er keuchte vor Anstrengung, doch er dachte an den Kometen.

Sie bogen um den Eckturm. Unter ihnen wellten sich Felder und Weiden. In der Ferne stand dunkel der Wald. Samtblau wölbte sich der Himmel, an dem die ersten Sterne erschienen. Vom Mond war nur eine Hälfte zu sehen. Dort aber, wo die Sonne untergegangen war, stand eine Feuerkugel mit einem langen Schweif.

»Das ist der Komet«, flüsterte die Mutter. »Man sieht so etwas nur ganz selten.«

»Was ist das, ein Komet?« fragte Johannes.

»Niemand weiß es genau. Die meisten sagen, irgendein seltsames Licht, ein Fingerzeig Gottes. Wer kann das wissen?«

Die Mutter schwieg, bevor sie fortfuhr: »Ein Stern kann es nicht sein. Sterne kehren regelmäßig wieder. Ein Komet aber ist ganz plötzlich da und ebenso schnell wieder verschwunden ...«

Johannes war seltsam zumute. Er starrte auf den Kometen. Wie ein glühender Kopf mit sprühenden Funken sah er aus. Wenn man hinfliegen könnte! Er wollte ihn sich schon genau ansehen und allen davon erzählen.

»Dort ist der Jupiter«, sagte die Mutter, »der helle Stern unter dem Großen Wagen. Er gehört zu den fünf Planeten, zu den Wandelsternen, die sich nicht so regelmäßig wie alle anderen Sterne bewegen. In der Schule wirst du später mehr darüber hören.«

»Ich sehe überhaupt nicht, daß sich ein Stern bewegt«, antwortete Johannes erstaunt.

»Wenn du lange genug wartest, siehst du es schon, Johannes. Beim Mond ist es dir bestimmt aufgefallen, daß er über den Himmel wandert.«

Johannes hätte am liebsten die ganze Nacht auf dem Berg verbracht, aber es wurde kalt, und die Mutter führte ihn zurück. Er lag noch lange wach und sah, wie der Mond langsam an seinem Fenster vorüberzog.

Kaum war der Komet verschwunden, erzählten die Leute wunderliche Geschichten. In Ungarn hätte es Blut geregnet. Ein alter Mann wollte ein Gerippe gesehen haben, das mit einer Lampe über den Friedhof geschlichen wäre. Glaser Reinbolds Frau behauptete, eine Hexe wäre über die Stadt geritten, hätte sich auf Keplers Haus gesetzt.

»So ein Unsinn«, schimpfte die Mutter, »hör nicht darauf.«

Johannes beruhigte sich, doch als er am nächsten Tag aus der Schule kam, rief ihm Frau Reinbold zu: »Deinen Vater haben sie an den Galgen gehängt!«

Er blieb entsetzt stehen und starrte auf das rote Gesicht mit dem wirr in die Stirn hängenden Haar.

»Du lügst!« brüllte der wütend. »Du weißt gar nichts!« Ihm blieb die Luft weg, und er rannte davon.

Das Gesicht der Mutter war blaß. Sie trug ihr Reisekleid und packte ihre Tasche. »Ich werde einige Tage nicht da sein«, sagte sie. »Paß gut auf deinen Bruder auf. Ich komme mit Vater zurück. Geh essen.«

»Was ist mit ...?« fragte er stockend. Er rang noch immer nach Luft.

Die Mutter sah ihn ruhig an. »Ich weiß es nicht. Aber was die Leute reden, stimmt nicht. Er war auf der Rückreise, man hält ihn fest. Ich werde ihn mitbringen.«

Drei Pferde wurden gesattelt. Außer der Mutter ritt noch der Großknecht mit.

Tage und Nächte können endlos sein. Johannes schlich in die Schule und nach Hause, spielen mochte er nicht.

Der Lehrer suchte ihn zu trösten. »Hör nicht auf die Reinbold. So eine Klatschbase. Wirst schon sehen, bald ist dein Vater wieder hier.«

Ein paar Tage darauf bekam Johannes einen Hautausschlag. Die Magd schickte ihn zum Bader.

»Du kommst zu mir?« sagte er erstaunt. »Deine Mutter ist wohl nicht da?«

Johannes sah den feisten Mann mißtrauisch an. Am liebsten wäre er weggelaufen, aber er streckte seine Hände und Arme vor.

Der Bader hatte dicke, feuchte Lippen, und wenn er sprach, sah man den Speichel in seinem Mund. Er nahm einen großen Topf und strich eine braune Salbe über den Ausschlag und das Geschwür. Seine Hände waren weich und schwammig. »Eine Binde habt ihr zu Hause, In zwei Tagen sehen wir uns wieder.«

Die Salbe brannte. Unter der Binde wurde die Haut ganz heiß. Sie war blutig, als der Bader die Binden wieder entfernte und die Salbe abwischte.

»Komisch«, sagte er und schmatzte mit den Lippen. »Hast wohl gekratzt?«

Johannes schüttelte ängstlich den Kopf.

»Eine bessere Salbe habe ich nicht«, sagte der Bader. »Versuchen wir es noch einmal.«

Die nächsten Tage waren noch schlimmer. »Ich geh' nicht wieder zum Bader«, sagte Johannes trotzig. »Ich warte auf meine Mutter.«

Die Magd war entsetzt, als sie die Haut sah. Blut und Eiter entstellten Arme und Hände, die wie verfault aussahen.

An diesem Tag kam die Mutter zurück. Sie sprang vom Pferd und ging ins Haus.

Johannes hockte auf der Wandbank und rührte sich nicht. Durch das Fenster sah er den Vater ein Pferd auf den Hof führen.

Nun wird alles gut werden, dachte Johannes. Er zeigte der Mutter die Arme. Seine Augen waren naß, aber das Schluchzen hielt er zurück. Er wußte selbst nicht, ob er glücklich oder unglücklich war.

Die Mutter band sich eine Schürze um und wusch ihm die Arme und Hände mit abgekochtem Wasser, dem sie Kräuter zugefügt hatte. Sie tupfte die wunde Haut trocken und schmierte eine weißgraue Salbe darauf, band Leinenstreifen herum und sagte: »Nun wird es gut werden.« Dann murmelte sie unverständliche Worte, wobei sie ihre Hände über Johannes' Arme hielt.

Die Salbe kühlte und linderte den Schmerz. Jeden Tag erneuerte die Mutter den Verband, nachdem sie die Salbe mit einem ölgetränkten Lappen abgewischt hatte. Rinderklauenöl stand auf der Flasche.

Der Vater wurde nicht wie in Weil der Stadt gefeiert. Er ging auch nicht ins Wirtshaus, sagte wenig und brütete vor sich hin.

Ab und zu schnappte Johannes einen Brocken auf, wenn sich Mutter und Vater unterhielten. Sie sprachen leise miteinander, als berieten sie etwas Geheimnisvolles.

Irgend etwas lag in der Luft. Johannes fühlte es. Männer kamen und betrachteten das Haus vom Keller bis zum Boden. Es war von Angeboten die Rede. Und von einem neuen Anfang.

Im Januar ritt der Vater mit Johannes nach Ellmendingen. Er saß vor ihm auf dem Pferd und griff mit der Hand in die Mähne.

Nur wenig Schnee bedeckte den frostharten Boden. Die Bäume und Sträucher wirkten nackt im Morgendunst. »Ich hatte für meinen Kameraden die Bürgschaft übernommen«, begann der Vater unvermittelt. »Aber er kam nicht zurück, und ich mußte für seine Schulden einstehen. So viel Geld hatte ich nicht. Deine Mutter hat mich aus dem Schuldturm geholt. Nun müssen wir unser Haus verkaufen und uns nach etwas anderem umsehen. In Ellmendingen ist ein Gasthof zu verpachten, vielleicht habe ich Glück.«

Die Worte verwirrten Johannes. Im Schuldturm hatte der Vater gesessen. Ein Kamerad hatte ihn betrogen. Ohne die Mutter wäre er ... Johannes wagte nicht weiterzudenken. Er griff nach der Hand des Vaters.

In Pforzheim aßen sie zu Mittag. Es dämmerte, als sie Ellmendingen erreichten und vor dem Gasthof »Sonne« abstiegen.

Der Vater sprach lange mit dem Wirt. Johannes ging inzwischen auf die Pfinz, die vor der Mühle einen Teich bildete und zugefroren war.

»Wer bist du?« fragte ihn einer von den Jungen, die über das Eis schlitterten.

»Johannes aus Leonberg.«

»Leonberg! Und dann kommst du hier in unser Nest?«

»Möchte auch mal schlittern.«

»Na, dann los«, sagte der Junge.

Johannes lief, doch jemand stellte ihm ein Bein. Er rutschte auf allen vieren über das Eis.

Die Jungen lachten, und einer rief: »Stolpert über seine eigenen Beine.«

Johannes trat auf den Jungen zu. »Bist wohl mächtig stolz auf diesen Trick?«

Blitzschnell umfaßte er die Knie des Jungen und stieß ihm mit dem Kopf gegen den Bauch.

»He, he!« meldete sich einer von den großen Jungen. »Machst dich mächtig mausig hier. Das mögen wir nicht.«

Der gestürzte Junge erhob sich mißmutig.

»Eigentlich sind wir quitt«, Johannes reichte ihm die Hand.

Es wurde still auf dem Eis. Der Junge sah die Hand und ein freundliches Gesicht. »Gut«, sagte er, »ich heiße Ludwig.«

Am nächsten Tag setzte der Vater ihn wieder aufs Pferd. Bevor sie den Wald erreichten, sahen sie noch einmal zurück.

Ellmendingen lag in einem sanften Tal, von Feldern und Wäldern umgeben. Die Kirche war kleiner als die in Leonberg, auch fehlten die mächtigen Stadtmauern und Türme. Aber die Häuser waren stattlich.

»Ein reiches Dorf«, sagte der Vater. »Der Gasthof trägt seinen Namen zu Recht. Er wirft einen schönen Batzen Geld ab. Im Frühjahr ziehen wir hierher.«

Johannes schwieg. Er sagte auch nichts, als der Vater tröstend hinzufügte: »Es gibt auch hier eine Schule.«

3

»Eines Tages kommen wir zurück«, sagte die Mutter und setzte sich neben den Vater auf den Kutschbock. Die Pferde zogen an, der Planwagen rollte über den Marktplatz, vorbei an dem prächtigen neuen Rathaus.

Kinder liefen ein Stück neben dem Wagen her, ein paar Frauen und Männer blickten ihnen nach und winkten.

Die Straße führte bergab an dem Gasthaus zum »Schwarzen Adler« vorbei; Johannes sah den Kopf des Wirtes hinter einem Fenster und verwünschte die spanischen Werber.

Der Vater knallte mit der Peitsche. Die Pferde fielen in Trab. In den Gärten hinter der Stadtmauer öffneten die ersten Kirschbäume ihre Blüten. Die umgebrochene Ackererde glänzte feucht in dem matten Sonnenlicht. Die Luft roch gut nach frischem Grün.

Am späten Nachmittag erreichten sie Ellmendingen. Der Bürgermeister, ein breitschultriger Weinbauer, begrüßte den Vater, die Mutter, Johannes und seine drei kleinen Geschwister.

»Willkommen in unserem schönen Dorf«, sagte er lächelnd. »Die jungen Männer hier« – er stellte einen nach dem anderen vor – »wollen euch beim Einräumen zur Hand gehen. Morgen, hoffe ich, können wir uns bereits zum Umtrunk in der ›Sonne‹ zusammensetzen.«

Schnell waren die Truhen, Fässer, Kisten, Tische und Stühle abgeladen und ins Haus getragen. Johannes flitzte die Treppen hinauf und hinunter. Jedes Zimmer mußte er sehen, den Dachboden und den aus Feldsteinen gemauerten Keller, in dem mannshohe Weinfässer lagen.

Auf dem geräumigen Hof stand dicht am Haus die Pumpe. Johannes hob den Schwengel und drückte ihn nieder, bis ein armdicker Wasserstrahl aus der Röhre schoß. Er hielt die Hände darunter und trank. Dann lief er weiter durch die Stallungen in den großen Garten, hinter dem sich ein weites Feld erstreckte.

Als Johannes das Haus wieder erreichte, versank die Sonne hinter der Kirche. Die Mutter kochte in einem großen Topf Erbsen. Der Fleischer brachte als Gastgeschenk Kochwürste, der Bäcker ein dickleibiges Brot. Der Vater schenkte Wein aus und schnitt jedem ein Stück Brot ab. Johannes durfte das Gebet sprechen, bevor der Vater den Becher hob und für die Hilfe und den freundlichen Empfang dankte. Das Essen schmeckte allen so gut, daß der Vater später sagte: »Hast dich den Leuten ins Herz gekocht.«

Seltsam, daß man die Dinge nicht beim richtigen Namen nannte. Der Vater hatte doch den Magen oder die Zunge gemeint. Johannes gähnte. Er war plötzlich todmüde.

In dem neuen Bett wollte der Schlaf nicht kommen. Er hörte lautes Sprechen aus der Gaststube, hin und wieder Gesang, Lachen, ein paar Flüche. Der Wind fauchte über die Dachpfannen, ein Hund bellte, ein zweiter antwortete mit einem langen Geheul. Der Himmel war blank, und die Sterne leuchteten wie in Leonberg. Johannes sah vom Bett aus den Orion. Langsam wanderte das Sternbild über den Himmel. Sonne, Mond und Sterne liefen unermüdlich um die Erde herum.

Die Erde war schon voller Wunder, aber der Himmel war ein großes Geheimnis. Allmählich fühlte Johannes die Leichtigkeit, die dem Schlaf vorangeht. Morgen mußte er in die neue Schule gehen. Hoffentlich wurde alles gut. Er faltete die Hände zum Gebet und schlief ein.

Das Kikeriki einiger Hähne riß Johannes aus wirren Träumen. Die Sonne stieg hinter dem Wald hervor und schickte ihre Strahlen bis zu seinem Bett. Wo war er nur? – Langsam erinnerte er sich. Alles um ihn war noch fremd, das Fenster, die Balken, die Wände.

Er rollte sich aus dem Bett. O je, alle Knochen taten ihm weh. Hatte zu schwer getragen, gestern. Er reckte die Arme. Wenn er nur erst groß und stark wie der Vater wäre!

Das Frühstück stand auf dem Tisch, Milch, Brot, Käse, Mus. Die Mutter schürte das Feuer im Herd, der Vater schleppte Holz herbei.

»Guten Morgen«, sagte Johannes.

»Morgen«, antwortete die Mutter. »Hast du dich gründlich gewaschen, wenigstens heute, am ersten Tag?«

»Es wird gehen«, wich Johannes aus und strich Pflaumenmus auf das Brot.

»Ich habe viel zu tun«, fuhr die Mutter fort. »Muß ich mitkommen?«

»Oh, nein!« versicherte Johannes eifrig. »Ich bin groß genug.«

»Dann grüß den Herrn Pfarrer und sag, daß Vater und ich am Abend zu ihm kommen möchten. Frag ihn, ob es ihm recht ist.«

Auf dem Weg zur Schule ging Johannes an der Pfinz entlang, die nach den Regentagen viel Wasser führte. Die Kirche lag auf einem kleinen Hügel. Der Turm war wuchtig, aber nicht sehr hoch. Daneben lagen das Pfarrhaus und die Lateinschule.

Der Pfarrer stand der Schule vor und erteilte Unterricht in Religion. Er war beleibt und sah gutmütig aus.

»Ich bin Johannes Kepler aus Leonberg.«

Der Pfarrer nickte. »Ich habe auf dich gewartet, Johannes. Unsere Schule ist kleiner als die in Leonberg. Aber lernen kannst du hier ebensoviel.« Er hatte eine sanfte Stimme und legte Johannes die Hand auf den Kopf. »Bist du wirklich schon zehn Jahre alt?«

»Seit Dezember.« Johannes erhob sich auf die Zehenspitzen.

»Sollst ein kluges Köpfchen haben, sagte mir der Pfarrer aus Leonberg. Betest du auch fleißig zu unserm Herrn und Heiland?«

»Jeden Abend und ... jeden Morgen.« Johannes' Gesicht wurde rot. »Manchmal habe ich es auch schon vergessen«, fügte er hinzu.

Der Pfarrer faßte Johannes unter das Kinn. »Du bist ein ehrlicher Bub«, sagte er zufrieden. »Gott wird dir beistehn. Ich glaube, wir werden uns gut vertragen.«

Sie waren nur zwölf Schüler; fünf kamen aus den umliegenden Dörfern. Johannes fühlte sich freundlich aufgenommen. Im Unterricht kam er nach einigen Tagen gut mit, obgleich er zu Hause kaum Zeit für die Schulaufgaben fand. Es gab viel zuviel zu tun, in der Küche, im Stall, im Garten, auf dem Feld. Johannes mußte helfen, immer wieder helfen. Mehr als zwei Mägde und einen Knecht konnten die Eltern nicht entlohnen. Pferde und Schweine waren zu füttern, Schrot zu mahlen, Unkraut zu jäten, Rüben zu hacken, Garben aufzustellen, Pflanzen, Roden, Obst ernten und Fässer schwefeln; die Arbeiten wuchsen ins Haus. Ob das der Ernst des Lebens war, von dem die Erwachsenen manchmal sprachen?

Es gab Tage, da wäre er am liebsten davongelaufen. Er war zu schwach für die grobe Arbeit, und sie ließ ihm keine Zeit für die Dinge, die er liebte. Aber er raffte sich immer wieder auf. Er wollte die Mutter und den Vater nicht im Stich lassen. Zum Spielen mit den anderen Jungen und Mädchen hatte er kaum Zeit. Auch an Sonn- und Feiertagen war es nicht anders, denn die ›Sonne‹ war immer voller Gäste.

Johannes war glücklich über jede Stunde, die er für sich allein hatte. Am schönsten war es in der Kirche, wenn die Glocken läuteten, die Orgel ertönte und er einstimmen konnte in den starken Gesang. Er vergaß die schwere Arbeit und träumte vom Himmel, dem Sitz des Vaters, des Sohnes und des Heiligen Geistes.

In den ersten Wochen war er von der ungewohnten Arbeit oft so müde, daß er manchmal in der Schule einschlief. Der Pfarrer legte ihm dann die Hand auf die Schulter und rüttelte ihn wach. Der Präzeptor aber, ein junger und eifriger Lehrer, herrschte ihn an und zwang ihn, neben der Bank zu stehen.

Johannes fürchtete das Einschlafen. Was er nicht hörte, war für ihn verloren, denn zu Hause konnte er nichts nachholen. Sein Gedächtnis mußte alles aufnehmen und festhalten. Bald kannte er alle Sätze der Grammatik auswendig. Lieder behielt er am leichtesten, aus den Komödien des Terenz konnte er lange Texte lateinisch aufsagen. Unerschöpflich schien ihm das Meer des Wissens. In den Büchern fand er Antwort auf die vielen Fragen, die ihn täglich neu bestürmten.

Die Bibel, die Sprüche Salomons, die er besonders mochte. »Durch Weisheit wird ein Haus gebaut und durch den Verstand erhalten.« – »Ein Kluger sieht das Unglück kommen und verbirgt sich, aber die Unverständigen laufen weiter und leiden Schaden.«

Gelegentlich suchte Johannes einen Spruch zu Hause anzubringen, doch der Vater wollte sie nicht hören.

»Alles nur schöne Worte«, meinte er verdrießlich. Die Mutter aber sagte: »Rede nicht vor des Unverständigen Ohren; denn er verachtet die Klugheit deiner Rede.« Nach den Sprüchen Salomons las Johannes das Neue Testament. Er rätselte über die Geheimnisse um Jesu Geburt. Der Mord König Herodes' an den vielen unschuldigen Kindern erschütterte ihn.

Als sie über die Berufung der Jünger sprachen, bedauerte Johannes, nicht damals gelebt zu haben. Freudigen Herzens wäre er Jesus gefolgt, um an seiner Seite zu leben und aus seinem Mund die wunderbaren Gleichnisse zu hören. Er hätte jedes Wort aufgeschrieben.

»Du kannst auch jetzt Jesus Christus folgen«, sagte der Pfarrer. »Wir alle bemühen uns, auf seinen Wegen zu wandeln. Du bist ein aufgeweckter Junge und kannst das Landexamen in Stuttgart bestehen, die höheren Schulen in Adelberg und später in Maulbronn besuchen, vielleicht sogar in Tübingen Theologie studieren und einmal selbst Pfarrer werden.«

Die Worte beschäftigten Johannes lange. Ein Pastor war Jesus Christus besonders nahe. Er konnte die Bibel erklären, predigen, Kinder taufen, Ehen schließen, Tote begraben, das heilige Abendmahl spenden. Er war der Hirte einer Gemeinde, ein gebildeter und hoher Herr mit feinen Sitten.

Johannes strengte sich noch mehr an. Er half alten Menschen und pflegte sie, immer auf ein Zeichen Gottes hoffend, daß er auf dem rechten Wege war. Gottesfürchtig wollte er sein, und er glaubte, überall, wohin er ging, verfolge ihn das Auge Gottes.

Manchmal fürchtete Johannes, der hohen Berufung nicht gewachsen zu sein. Es gab Tage, an denen er sich schwach und sündig vorkam, wenn er nicht das Frühstücksbrot mit einem Hungrigen geteilt oder einen Streit geschürt statt geschlichtet hatte. Er verwünschte seinen Spaß an derben Worten und saftigen Witzen und kam sich lasterhaft vor.

Er fürchtete, die Gnade Gottes, die den Reinen und Gerechten vorbehalten ist, zu verlieren.

Er wollte wie Jesus oder wenigstens wie Petrus oder Franz von Assisi leben, legte sich Bußen auf und führte sie getreulich aus. Glaubte er, schlimm gefehlt zu haben, dann sagte er eine lange Predigt auf oder einen Psalm und war erst zufrieden, wenn er das Gefühl hatte, die Schuld gesühnt zu haben.

Allmählich entdeckte er Wandlungen an sich. Er wurde zwar nur langsam größer, aber seine Stimme klang manchmal schon so tief wie die seines Vaters. Die ersten Haare wuchsen an Stellen, die den Erwachsenen vorbehalten waren. Er war oft sehr unruhig und reizbar, stürzte sich unbedacht in Streitigkeiten und ebenso plötzlich in Zerknirschung und Reue. Manchmal überfielen ihn seltsame Träume, die seinen ganzen Körper ergriffen und ihn benommen machten. Er spürte sein Leben überstark und bekam Angst, sein Herz könnte auf einmal stehenbleiben. Schweiß brach ihm aus, ihm wurde schwindlig, und er mußte sich hinlegen.

Warum lebte er gerade jetzt? Woher kam er, und wohin ging er? »Aus Erde bist du geworden, zu Erde wirst du werden«, sagte der Pfarrer am Grabe und warf eine Handvoll Erde auf den Sarg.

»Die Knochen halten sich am längsten«, meinte der Totengräber, dessen rote Nase immer tropfte. »Manchmal liegt einer schon dreißig Jahre in der Erde, alles ist verschwunden, aber die Knochen sind noch da.« Er stand gebückt und sah Johannes an, der sich umdrehte und langsam den Friedhof verließ. Einige Gräber waren verwildert, die Kreuze standen schief oder waren umgefallen. Die Verwandten lebten nicht mehr oder waren in einen anderen Ort gezogen.

»Der Körper vergeht«, erklärte der Pfarrer, »aber die Seele wird leben, auferstehn und in den Himmel gelangen, wenn der Mensch ein Gott wohlgefälliges Leben geführt hat. Von den Sünden kann die Seele im Fegefeuer geläutert werden, nur die ganz Bösen kommen in die ewige Verdammnis, in die Hölle.«

Johannes hatte die Beschreibung der Hölle von Dante gelesen. Ihn gruselte, und er sagte: »Jesus Christus ist doch für alle Menschen gestorben und hat ihre Sünden auf sich genommen. Nach Lukas hat er sogar dem Mörder gesagt, daß er mit ihm ins Himmelreich kommen würde.«

»Weil er seine Sünde bereut hat«, antwortete der Pfarrer. »Ihm konnte er vergeben. Vertrauen wir auf die Güte unseres Herrn Jesus Christus; unser Leben liegt in seiner Hand.«

Die Worte beruhigten Johannes, doch immer wieder bedrängten ihn neue Fragen. Er hätte so gern mehr von Gott gewußt, von seinem Aussehen, seiner Wohnung und wie er die Welt regierte. Ob er in der Nacht die Engel ausschickte oder über die Sterne das Leben beeinflußte, wie manche behaupteten. Zu gern hätte er ihm einmal über die Schulter geblickt. Wie er die Welt geschaffen hatte, die Sonne, den Mond, die Erde mit Tieren und Pflanzen.

Es gab Stunden, da fühlte Johannes sich Gott ganz nah. Nur ein Schleier trennte ihn von dem Licht der Wahrheit. Ihm war, als löse er sich auf und dringe in unendliche Weiten vor. Aber er kam nicht dort an, wo ihm alles geoffenbart werden konnte.

Eines Tages werde ich mehr wissen, tröstete er sich. Es gab noch so viel zu begreifen. Noch lagen die hohen Schulen vor ihm, auf die ihn der Pfarrer und der Präzeptor vorbereiteten.

Geometrie war ein Steckenpferd des Präzeptors, und Johannes gewann sein Herz, denn ihn fesselten die Flächen und Körper: das Dreieck, der Kreis, die regelmäßigen Vielecke, die Pyramide, der Kegel, die Kugel, wie man sie konstruierte und berechnete.

Pythagoras war schon lange tot und Platon und Aristoteles und Euklid und Archimedes auch. Sie erschienen ihm wie Götter aus einer unendlich frühen Zeit, die er sich nicht vorstellen konnte. Aber irgendwie waren sie doch lebendig; denn ihre Worte und Gedanken standen in den Büchern.

Je näher das Landexamen heranrückte, desto mehr Zeit ließen

ihm die Eltern. Sie hatten gut gewirtschaftet und konnten noch einen Knecht und eine Magd einstellen.

Der Vater fühlte sich ganz wohl als Wirt und unterhielt seine Gäste gern mit abenteuerlichen Geschichten. Die einen staunten, die anderen lachten darüber.

Eines Abends brüstete sich der Vater mit seinen Künsten als Geschützmeister. »Hier, diese Pulverflasche, sie stammt noch aus Flandern!« »Zeig uns was!« verlangte der Schmied. »Was mit Pulver, wozu Mut gehört.« Er blickte in die Runde, es wurde still in der Gaststube.

»Mut?« Der Vater richtete sich auf und nahm die Pulverflasche aus Bein vom Regal. »Schaut her, sie ist mit Pulver gefüllt. Ich werde sie in meiner Hand entzünden.«

Johannes erschrak und lief zur Mutter, während die Gäste dem Vater vor das Haus folgten.

»Bitte, Heinrich«, rief die Mutter, »laß das sein.«

»Seit wann kommandieren Frauen in deinem Haus?« fragte der Schmied.

»Geht zur Seite«, sagte der Vater und legte ein Stück glühendes Holz auf die Pulverflasche. Es zischte. Eine grelle Stichflamme schoß in die Luft, und einen Augenblick lang leuchtete das Gesicht des Vaters in den Flammen, dann zerbarst die Pulverflasche, und der Vater taumelte zu Boden.

Die Gäste rannten auseinander. Der Fleischer faßte sich zuerst und half der Mutter, die sich über den Vater beugte. Zwei andere Männer eilten herbei und trugen den Vater ins Haus. Sie legten ihn aufs Bett, während die Mutter Leinen zerriß und Salbe auf das zerfleischte Gesicht strich.

Der Vater war bewußtlos und stöhnte. Es ging Johannes durch und durch. Er konnte es nicht mehr hören und lief in sein Zimmer, warf sich auf das Bett und schluchzte vor Zorn und Schmerz.

Die Mutter fürchtete, daß der Vater erblinden würde. Johannes stellte sich den starken Mann in seiner Hilflosigkeit vor und gelobte, die Schule aufzugeben und ihn bis zu seinem Lebensende zu führen. Mehrmals am Tag betete er für den Vater.

Die Mutter kümmerte sich Tag und Nacht um den Kranken. Sie wechselte die Binden, wusch ihm die Hände, gab ihm zu trinken und zu essen. Johannes ging oft zu ihm und drückte seine Hand.

Nach einer Woche schlug der Vater zum erstenmal die Augen auf. Er sah leichte Schatten und grobe Umrisse. Es dauerte noch einige Zeit, bis er wieder richtig sehen konnte. Johannes sang aus Dankbarkeit jeden Abend einen Psalm.

Der Vater war schweigsam geworden. Oft saß er grübelnd am Tisch, und die Gäste mußten ihn mehrmals rufen, bevor er sie hörte und ihnen das Gewünschte brachte.

»Worüber denkst du immer nach?« fragte ihn die Mutter.

»Über mein Schicksal«, antwortete er. »Ich werde mir ein Horoskop stellen lassen.«

»Ein Horoskop, was ist das?« wollte Johannes wissen.

»So etwas wie eine Prophezeiung«, versuchte der Vater zu erklären. »Ein Astrologe berechnet die Stellung der Gestirne zur Stunde deiner Geburt. Daraus erkennt er deinen Lebensweg.«

»Wie ist das möglich?« staunte Johannes.

»Das weiß man nicht genau«, sagte die Mutter, »die Sterne wirken ähnlich wie der Mond. Was wachsen soll, muß bei zunehmendem Mond ausgesät werden. Wenn ich Kräuter sammle, dann nur bei abnehmendem Mond. Hier, schau selbst nach.«

Die Mutter gab Johannes einen Kalender. Darin waren Ostern, Pfingsten und Weihnachten eingetragen, der Beginn des Frühlings, Sommers, Herbstes und Winters. Voraussagungen über das Wetter, über den Auf- und Untergang der Sonne an jedem Tag, über die Phasen des Mondes und das Erscheinen und

Verschwinden der Planeten, über die zwölf Tierkreiszeichen und ihren Einfluß auf den Charakter des Menschen.

»Morgen haben wir eine Mondfinsternis«, sagte die Mutter, »hast du es gelesen?«

Johannes schüttelte verlegen den Kopf. Er wußte gar nicht, was eine Mondfinsternis war. Er suchte das Wort und das Datum. Wieso leuchtete der Mond überhaupt und war einmal rund und einmal halb?

Am Nachmittag des nächsten Tages regnete es, und dicke Wolken wälzten sich über den Schwarzwald. Wenn das Wetter anhielt, würde der Mond verborgen bleiben. Vielleicht wollte er nicht gesehen werden, wenn er sich verfinsterte? Er sollte ja großen Einfluß auf das Wetter ausüben. Doch gegen Abend schlug der Wind um, und noch bevor es völlig dunkel wurde, war der Himmel blankgeputzt. Die Sterne flimmerten, der Mond stieg gemächlich über den Baumkronen empor.

Johannes und die Eltern waren in den Garten gegangen. Der Mond stand am Himmel wie ein glänzender Silbertaler.

Johannes begannen die Augen zu tränen. »Mußt nicht dauernd hinstarren«, sagte der Vater. »Erst wenn die Uhr zehn schlägt, müssen wir aufpassen.« Er biß abwechselnd in eine Scheibe Brot und ein Stück Schinkenspeck, während Johannes Backpflaumen kaute und die Steine hoch gegen den Mond spuckte.

Grillen zirpten. Glühwürmchen geisterten umher. Der Wind wehte warm, es roch nach Kamille und Salbei.

Endlich begann die Glocke zu schlagen. Johannes zählte mit und folgte dem Blick des Vaters. Noch war der Mond rund und unverändert hell. Plötzlich sah eine Seite wie angeknabbert aus.

Johannes wischte sich die Augen. Ein Stück war dunkel, rötlich wie Kupfer. Der Schatten wurde immer größer und überzog nach und nach die ganze leuchtende Scheibe.

Ringsum war kein Laut zu hören. Johannes lehnte sich an den Vater, der den Atem anzuhalten schien und die Hände gefaltet hatte. Was hatte sich über den Mond gelegt? Gottes Hand? Johannes erschrak. Wenn nun plötzlich der Herr am Himmel erschiene und mit Donnerstimme zu ihm spräche?

Der kupferrote Schatten wanderte über den Mond hinweg. Zuerst erschien ein grelles Dreieck, das sich schnell vergrößerte, bis der Mond in altem Glanz am Himmel stand.

»Was war das Dunkle?« flüsterte Johannes.

»Die Astronomen, die Sternkundigen sagen, unsere Erde werfe einen Schatten wie jeder Baum, und manchmal falle er auf den Mond. Ich habe auch schon gesehen, daß nur ein Teil des Mondes verfinstert war.«

Die Erde warf einen Schatten?

Ihre Füße strichen durch das Gras. Johannes spürte die dünnen Halme zwischen den Zehen. Er suchte sich vorzustellen, wie die Sonne gegen die riesige Erdkugel schien und diese einen Schatten auf den Himmel warf. Sah man den Schatten deshalb nicht, weil das Himmelsgewölbe so weit entfernt war?

Aber warum traf der Erdschatten nicht immer wieder auf den Mond?

»Ich weiß es nicht«, antwortete der Vater, »du wirst es ja noch lernen, auf der Schule. Wirst du das Landexamen bestehen?«

»Ganz bestimmt«, antwortete Johannes überzeugt. Er wußte nicht, ob der Vater darüber erfreut sein würde. Er hielt nichts von einem gelehrten Beruf und hatte sich den Erstgeborenen anders gewünscht. Aber er sah ein, daß Johannes für schwere Arbeiten nicht geeignet war.

Johannes blickte noch lange aus dem Fenster. Kein Schatten auf dem Mond. Nur einmal schien es ihm so, aber das waren die Flügel einer Eule, die über die Ulme flog.

Wie konnte der Mond, wie konnten die Sterne über den Himmel wandern? Liefen sie auf unsichtbaren Wegen? Wurden sie von Engeln getragen wie die Lampe vom Nachtwächter? Oder waren die Sterne Löcher, aus denen das Licht des Paradieses fiel? Es gab so viele Erklärungen. Welche war richtig?

4

In Stuttgart traf Johannes einige ehemalige Klassenkameraden aus Leonberg wieder.

»Du in deinem kleinen Nest, hast du da überhaupt was lernen können?« begrüßte ihn Christoph Wieland spöttisch.

»Natürlich nicht«, entgegnete Johannes. »Ich bin heute nur gekommen, um dich zittern zu sehen.« Er fühlte sich sicher, obgleich das Landexamen sehr schwer sein sollte.

Jedem, der aus dem Prüfungsraum kam, konnte man das Ergebnis der Prüfung vom Gesicht ablesen. »Alles umsonst«, schimpfte der eine. »Mit mir nicht mehr. Ich werde Drechsler und übernehme Vaters Werkstatt.«

Als Johannes in den dämmrigen Raum trat, schlug sein Herz stärker. Mit strengen Mienen saßen die Prüfer hinter einem breiten Tisch. Er hörte die erste Frage und besann sich einen Augenblick. Die Antwort schien den würdigen Herrn zu befriedigen, denn er nickte wohlwollend. Einer nach dem andern stellte seine Fragen, und nach jeder Antwort fühlte sich Johannes freier werden. Die Freude, sein Wissen und seine Gedanken vortragen zu können, riß ihn mit sich fort, und er mußte aufpassen, nicht zu weitschweifig zu werden.

»Gut, mein Sohn«, sagte der Vorsitzende und hob die Hände, als wollte er Johannes segnen.

»Dann werden wir uns ja wieder sehen«, meinte Wieland.

»Da können wir wieder mal unsere Kräfte messen.« Er war über einen Kopf größer als Johannes, breitschultrig und kräftig.

Ein Schatten fiel auf Johannes' Freude. Er sagte »Viel Glück« und verließ das Gebäude.

Das also war die Landeshauptstadt! Bisher hatte er weder Zeit noch Ruhe gefunden, sie sich anzusehen. Sie war nicht sehr viel größer als Leonberg, aber die Gebäude waren prächtiger – das Schloß mit den Laubengängen, der Lustgarten mit den Obelisken und dem Springbrunnen, die gewaltige Hallenkirche.

Vornehm gekleidete Hofleute und Bürger flanierten über die Plätze, von Lakaien oder Dienern gefolgt. Zum erstenmal sah Johannes eine goldverzierte Sänfte, in der eine in Seide gekleidete Dame saß. Auf einem gelbsandigen Platz wurden Pferde eingeritten. Der Geruch frisch gebratenen Fleisches lockte Johannes an; ein Schlachter briet einen Hammel über einem Holzkohlenfeuer. Das Fett tropfte zischend in die Glut. Ab und zu schlug eine Flamme hoch.

Stuttgart war von Weinbergen umgeben. Wolken zogen leicht darüber hin, ihre Schatten wanderten über die Rebstöcke, die Bäume, Gärten und Dächer. Die Vögel jubelten mit ihm über das Glück dieses Tages.

Der Vater klopfte ihm stolz auf die Schulter. »Als Pastor bist du einmal ein gemachter Mann«, sagte er. »Ich bin mehr für das Handfeste, aber jedem das Seine.« Er reichte Johannes einen Becher Wein und stieß mit ihm wie mit einem richtigen Mann an.

Die Klosterschule Adelberg begann erst im Oktober. »Ein Glück«, meinte der Vater, »es gibt noch sehr viel zu tun. Wir haben nämlich auch eine Überraschung für dich: wir ziehen wieder nach Leonberg.«

Die Ernte war einzubringen, Wintervorrat anzulegen; Johannes half in der Gaststube, in der Küche, auf dem Feld, im Stall. Getreide, Pökelfleisch, Schinken, Speck, Hausrat und Kleidung mußten verpackt und verladen werden.

Die Mutter hatte ein kleines, aber schönes Haus in Leonberg

gekauft. Sie freute sich über die Rückkehr. Der Vater aber dachte an das prächtige Haus am Marktplatz. Ihn wurmte noch immer der Verlust, und hin und wieder meinte er, für den Kriegsdienst wäre er noch nicht zu alt.

»Wenn wir in Leonberg einen kleinen Handel treiben, kommen wir zurecht und leben in Frieden«, antwortete die Mutter. »Gewürze, Kräuter, Wein, Wachs und Werg finden immer einen Käufer.«

Der Vater verzog das Gesicht, und Johannes wußte nicht, ob die Mutter recht behalten würde. Was sollte er noch dazu sagen? Für ihn begann ein neues Leben. Er war nun auf sich selbst gestellt, und so würde es bleiben.

An einem sonnigen Tag Ende September wurden die Pferde gesattelt, und der Vater machte sich mit Johannes auf die Reise. Sie wählten den Weg über Stuttgart und Esslingen. Zu ihrer Linken erstreckte sich der Schulwald, an dessen Südende das ehemalige Prämonstratenserkloster lag. Es war nach der Reformation aufgelöst und in eine Schule umgewandelt worden. Die Kirche, das Schulgebäude, die Wohnräume waren von einer Mauer und Wehrtürmen umgeben. Die Wirtschaftsgebäude befanden sich außerhalb der Einfriedung.

Johannes stieg vom Pferd, warf sich den Reisesack über die Schulter und reichte dem Vater die Hand.

»Ich wünsche dir viel Glück, Johannes«, sagte der Vater bewegt. Er nahm die Zügel des zweiten Pferdes und band sie am Zaumzeug seines eigenen fest.

»Grüß die Mutter und die Geschwister«, rief Johannes. Noch einen Augenblick sah er dem davonreitenden Vater nach, bevor er sich umwandte und die Klosterschule betrat.

So ernst und streng hatte sich Johannes das Leben hier nicht vorgestellt. Sie lebten in völliger Abgeschlossenheit und durften nur in Begleitung der Präzeptoren ausgehen. Es war ihnen nicht erlaubt, mit den Frauen und Männern zu sprechen, die das Essen bereiteten, die Gärten pflegten, die Räume reinigten.

Alle Schüler trugen über die Knie reichende ärmellose Mäntel, in denen sie wie schwarze Vögel aussahen. Jeder Tag begann um vier Uhr mit Psalmsingen. Im Winter durften sie eine Stunde später aufstehen. Nachmittags um fünf oder um sechs Uhr wurden die Türen des Alumnats abgeschlossen.

Im Unterricht wurde nur lateinisch gesprochen. Neue Fächer kamen hinzu: Griechisch, Denklehre. Gemeinsam lasen sie Xenophons Kyropädie, ein Buch über die Erziehung von Prinzen.

Die zwei Präzeptoren lehrten alle Fächer außer Theologie, die der Abt, der Leiter der Klosterschule, unterrichtete. Er war gebieterisch und verlangte die bedingungslose Anerkennung der Konkordienformel, des evangelischen Bekenntnisses, das nach Martin Luthers Tod geschaffen und unter maßgeblicher Mitwirkung schwäbischer Theologen festgelegt worden war. Der Abt duldete keinen Zweifel, nicht einmal Fragen, und Johannes steckte wegen Besserwisserei manchen Tadel ein.

»Die Konkordienformel ist fest auf die Lehre Martin Luthers gegründet. Sie wendet sich gegen alle Verfälschungen, besonders gegen die kalvinistischen. Nur durch sie erlangen wir die göttliche Gnade.«

Johannes hob den Arm. »Ich kann es nicht glauben, daß Gott nur uns in seiner Gnade aufnehmen wird. Jesus Christus ist für alle Menschen am Kreuz gestorben.«

»So«, entgegnete der Abt und trat auf Johannes zu. »Willst du etwa sagen, daß die Kalvinisten, die Papisten, vielleicht sogar die Moslems oder Heiden ins Himmelreich kommen?« Eine Unmutsfalte überzog die hohe Stirn des Abts, aber Johannes erschrak nicht, sondern entgegnete:

»Vor Gott sind alle Menschen gleich. Nach der Schöpfungsgeschichte ...«

Der Abt gebot ihm zu schweigen. »Gelehrte, auserlesene Männer unserer Kirche haben darüber nachgedacht. Deine Gedanken, Johannes, sind auf Irrwegen. Hier auf der Erde bekämpfen wir die Antichristen, und dort im Himmel sollen wir friedlich nebeneinandersitzen? Die Papisten und Kalvinisten sind des Teufels. Einzig wir Lutherisch-Evangelischen sind auserlesen, und nur wir allein stehen in Gottes Gnade.« Sein Gesicht verklärte sich. Er stimmte den Psalm an: »Der Herr ist mein Hirte, mir wird nichts mangeln.«

Johannes sang betrübten Herzens. Es gefiel ihm gar nicht, wenn er sich mit seinen Gedanken außerhalb der Gemeinschaft stellte, doch er konnte sie unmöglich verschweigen.

Unter den Mitschülern hatte er einen schweren Stand. Christoph Wieland versuchte von Anfang an, ihn lächerlich zu machen. Wenn er sich durch seinen Witz wehrte, antwortete Wieland mit Schlägen. Trotzdem ließ Johannes sich nichts gefallen. An Mut und scharfen Worten fehlte es ihm nicht. Aber seine spitze Zunge schuf ihm auch Feinde.

Johannes war kein Spielverderber. Wenn es einen Streich auszuhecken galt, ließ er sich nicht lumpen. Aber Wieland und Seiffer versuchten hinterher immer, ihm die Schuld in die Schuhe zu schieben. Da hielt er sich zurück.

An einem Tag im Februar hatten Wieland und Seiffer Schrotbrei gegen Fenster und Türen geworfen, er war angebrannt gewesen und hatte bitter geschmeckt. Der schlafmützige Koch war wütend zum Abt gerannt und hatte eine strenge Bestrafung der Übeltäter verlangt.

Niemand wollte sich melden. Der Abt ärgerte sich über die verstockten Sünder und über sich selbst, weil er mit harten Strafen gedroht hatte.

Am nächsten Morgen befahl er Johannes auf sein Zimmer und verlangte von ihm die Namen.

Johannes schwieg. »Ich kann meine Kameraden nicht verraten«, sagte er.

»Du wirst es mir sagen. Oder soll ich annehmen, daß du selbst der Übeltäter warst?« Der Abt blickte zornig. »Wir haben ein Verlies mit Ratten und Gerippen für verstockte Sünder«, fuhr er drohend fort. »Ich gebe dir einen Tag Zeit.«

Johannes konnte mit niemandem sprechen, denn seit dem Streich herrschte für alle das Gebot des Schweigens. Wer es brach, kam in eine dunkle Kammer. Den Abort durfte immer nur einer aufsuchen. Beim Spaziergang durch den Klostergarten mußten sie mehrere Schritte voneinander getrennt gehen. In der Nacht wollte Johannes versuchen, mit Wieland zu sprechen.

Noch nie hatte er den Abend so sehnlich herbeigewünscht. Er lag still und überlegte, wie er am besten zu Wielands Bett gelangen konnte. Der Wärter saß hinter seinem Tisch, auf dem eine Kerze brannte, und las. Er hatte sich in dicke Decken gehüllt, denn der Schlafraum der Schule wurde nicht geheizt. Ab und zu hob er den mit einer Wollmütze bedeckten Kopf und horchte.

Johannes kniff sich in den Arm; nur nicht einschlafen. Noch ein paar Monate, und er hatte diese Schule geschafft. Sehnsüchtig dachte er an die Eltern und die Geschwister. Wie mochte es ihnen gehen? Nur selten bekam er einenBrief von daheim. Mutter machte sich wieder Sorgen um Vater. Er ging ins Wirtshaus, trank, ergötzte die Zecher mit schaurigen Erzählungen und erschreckte sie mit selbstgefertigtem Feuerwerk. Er wollte erneut in den Krieg ziehen und den Mann finden, der ihn um sein Vermögen gebracht hatte.

Johannes atmete schwer. Lange würde er nicht zu Hause sein können, nur bis zum Beginn des höheren Seminars in Maulbronn.

Fast wäre er doch eingeschlafen. Er merkte den Übergang am Zucken der Arme. Der Schreck machte ihn hellwach. Er hörte den Wärter eine Seite umblättern. Vor den Fenstern summte der Frostwind. Es war so kalt im Schlafsaal, daß der Urin in den Nachttöpfen gefror.

Handbreit um Handbreit ließ Johannes sich aus dem Bett gleiten. Der Fußboden war eisig. Die zusammengerollte Jacke legte er an die Stelle seines Kopfes. Wenn der Wärter ihn jetzt bemerkte, würde er sich auf das Nachtgeschirr setzen.

Matthias Kölling, der neben ihm schlief, stöhnte heftig und stieß einen Schrei aus. Der Wärter sah auf und räusperte sich, um gleich darauf wieder den Kopf über das Buch zu senken. Angstträume hatten sie alle. Manchmal sprang sogar einer aus dem Bett.

Auf allen vieren kroch Johannes unter dem Bett von Kölling durch. Er schwitzte vor Aufregung. Nun mußte er noch unter Ortolphs Bett durch, dann war er bei Wieland. Er stieß gegen einen Hocker und erstarrte. Gleich darauf schlug die Turmuhr neunmal. Der Wärter gähnte und faltete die Hände.

Johannes war auch nach Beten zumute, aber er schlich weiter. Wielands Arm hing aus dem Bett. Das war die falsche Seite, denn hier konnte ihn der Wärter sehen. Er kroch unter Wielands Bett hindurch, schob die erstarrten Finger unter die Bettdecke und berührte die warme Haut.

Wieland warf sich mit einem Ruck herum, aber wach war er nicht geworden. Kitzeln half nicht, Kneifen auch nicht. Als Johannes ihm die Nase zuhielt, öffnete Wieland den Mund und atmete prustend weiter.

Seiffer schlief auf der anderen Seite. Johannes mußte Wieland wachkriegen und steckte ihm die Hand in den Mund. Er spürte die Zähne, die sich in seine Finger gruben. Aber er verbiß den Schmerz und zerrte den Kopf hin und her.

Endlich riß Wieland die Augen auf und lockerte den Biß. Schnell zog Johannes die Hand heraus. »Pst«, flüsterte er. Wieland schob das Ohr an ihn heran.

Johannes berichtete ihm von der Drohung des Abtes und fragte: »Was soll ich tun?«

»Maul halten!« mahnte ihn Wieland.

»Und das Verlies?«

»Kommst schon wieder raus«, antwortete Wieland. »Oder willst du uns alle reinbringen?«

»Euch doch nicht. Nur eine Strafe, vielleicht die Rute oder bloß abschreiben. Meldet euch doch!«

Wieland packte Johannes' Nase zwischen Zeigefinger und Mittelfinger und quetschte sie zusammen. »Das ist unsere Sache, sage ich dir. Wehe, wenn du uns verrätst.«

Johannes kroch zurück. Er tapste und japste. Mochte ihn der Wärter ruhig erwischen. Er stieß gegen einen Nachttopf und schleuderte ihn mitten in den Saal. Aber der Wärter schien taub zu sein.

Das Bett war kalt geworden. Johannes rollte sich zusammen. Am besten war, wenn er erfror. Dieser Lump von Wieland! Am nächsten Morgen ging er zum Abt. »Ich habe den Brei verschmiert«, sagte Johannes. Sein Gesicht war bleich.

»Es ist Gottes Wille, die Wahrheit zu sagen«, entgegnete ihm der Abt. »Es gibt keine Barmherzigkeit ohne Aufrichtigkeit.«

»Es wäre Verrat«, sagte Johannes.

»Nein«, rief der Abt. »Du tust nur deine Pflicht vor Gott und deinen Lehrern.«

»Dann bitte ich um Jesu Christi willen, bestraft nur mich und nicht die andern.«

»Ich werde es mir überlegen«, lenkte der Abt ein, doch als Johannes die Namen nannte, fühlte er, daß er dafür würde büßen müssen.

Wieland und Seiffer starrten Johannes wütend an, als sie zum Abt gerufen wurden.

»Ich habe euch verraten«, sagte Johannes. »Ihr braucht euch nicht mehr zu verstecken.« »So«, antwortete Wieland. Er ging langsam auf Johannes zu. Seiffer folgte ihm. »Verraten hast du uns, wie schön.« Er holte zu einem Schlag aus, doch Johannes blickte ihn furchtlos an.

»Schlagen kannst du, mit deiner Kraft protzen«, sagte er, »aber um für eine Sache einzustehen, dafür bist du zu feige.«

»Sag das noch mal!« rief Wieland wütend.

»Du hast dich hinter mir verkrochen, du bist ein Feigling.«

Einige Klassenkameraden traten neben Johannes. Wieland sah Seiffer an, der unsicher von einem zum anderen blickte.

»Warte nur«, drohte Wieland, »mit dir werden wir noch abrechnen.« Er spuckte Johannes vor die Füße. »Seine Kameraden zu verraten!« Mit erhobenen Fäusten verließ er den Leseraum.

Dieser Auftritt war gewonnen, aber Johannes wußte, daß Wieland und Seiffer es ihm heimzahlen würden. Er hätte dem Abt gegenüber standhaft bleiben müssen.

Es gab so viele Möglichkeiten der Rache, unauffällige, hinterhältige: ins Essen spucken, ins Bett pinkeln, Tinte über eine Arbeit gießen, ein Bein stellen, ein Kleidungsstück zerreißen, Worte verdrehen, Lügen verbreiten, andere gegen einen aufbringen.

Es war schwer, sich dagegen zu wehren. Es gab keinen sichtbaren Feind. Er mußte es ertragen und sehnte das Ende der Schulzeit herbei. Vom Lernen aber ließ er sich nicht abbringen. Oft triumphierte er in Disputen über Wieland und Seiffer. Bei den Prüfungen lag er meist vor ihnen, mit einem der besten Zeugnisse konnte er Adelberg verlassen.

Er hatte sich sehr auf sein Zuhause gefreut, aber es gab viel Streit zwischen Mutter und dem Vater. Die Jungen, mit denen er früher herumgetollt war, lernten Bäcker, Metzger, Drechsler, Seifensieder, Schuhmacher, Schneider. Sein Bruder war Zinngießer. Die Luft in der engen Werkstatt war heiß und beißend.

Johannes ritt nach Weil der Stadt, wo Großvater Sebald trotz seines Alters noch Bürgermeister war. Ihn rührte die Freude des selbstherrlichen Mannes. Die Großmutter gab sich freundlich und stellte ihn ihren Freundinnen vor, die der Großvater abfällig Betschwestern nannte. »Pfarrer wird er werden«, sagte die Großmutter. »Ich habe dieses Korn in seine Seele gepflanzt.«

»Papperlapapp«, der Großvater stieß die Faust gegen den mächtigen Kopf. »Darauf kommt es an, und das hat er von mir.«

Nach Leonberg zurückgekehrt, sah Johannes einen großen Auflauf. Eine alte Frau war der Hexerei für schuldig befunden. Sie hatte unter der Folter gestanden. Die Henkersknechte schleppten die Halbtote auf den Scheiterhaufen und banden sie an einen Pfahl.

»Das Feuer wird ihre Seele reinigen und vor der ewigen Verdammnis bewahren«, sagte der Pfarrer. »Wir bitten dich, Herr Jesus Christ, nimm dich der reuigen Sünderin an!«

Bevor die Henker den Holzstoß angezündet hatten, trat Johannes' Mutter an die Verurteilte heran und gab ihr zu trinken. »Da seht ihr's, eine Hexe hilft der anderen«, hörte Johannes Frau Reinbold zischen, aber niemand beachtete sie.

»Ich habe ihr einen Betäubungstrank gegeben«, flüsterte die Mutter. »Vier alte Frauen in zwei Jahren. Ihre Verwandten haben sie angezeigt; sie hätte der Schwiegertochter eine Fehlgeburt angehext.«

Eine Hexe, was war das? Die alten Griechen hatten keine gekannt, die Römer auch nicht. Im Sachsenspiegel wurde Zauberei als strafbarer Unglaube bezeichnet, die Christen hatten sie jahrhundertelang bekämpft. Seit die päpstlichen Inquisitoren Institoris und Sprenger das Buch »Der Hexenhammer« veröffentlicht hatten, wurden überall Hexen und Hexenmeister aufgespürt und verbrannt. Jeder glaubte daran wie an den Teufel und an die Hölle. Da unterschieden sich die Katholiken nicht von den Evangelischen. Johannes zermarterte sich den Kopf, aber er fand keine Antwort.

Im Oktober brach er auf nach Maulbronn, das einen Tagesritt nordwestlich von Leonberg lag. Drei Jahre höhere Schule lagen vor ihm, eine lange Zeit.

Hinter den hohen Wehrmauern, die von wuchtigen Türmen überragt wurden, merkte man, wie in Adelberg, wenig von dem Leben draußen im Land. Es gab nur den Abt, die Präzeptoren, die Schüler, die Aufseher, den Schmied, den Küfer, den Gärtner. Zu dem ehemaligen, großräumig angelegten Zisterzienserkloster gehörte ein riesiger Gutshof, der die Schule versorgte. Zu den Gottesdiensten versammelten sich alle in der alten Kirche.

Johannes hielt sich am liebsten im Klosterhof auf, den ein vierseitiger Kreuzgang mit feingearbeiteten Säulen und Rosetten umschloß. Hier konnte er entspannt seinen Gedanken folgen. Von der Brunnenkapelle drang leises Plätschern herüber. Aus Löwenköpfen floß Quellwasser in die übereinander angeordneten Schalen.

Im Unterricht hatte Johannes wenig Schwierigkeiten. Bei den Präzeptoren und beim Abt war er gut angesehen. Mit einigen Schülern kam er gut, mit anderen schlecht aus. Wieland und Seiffer suchten immer wieder Streit, aber nur selten gab es Prügeleien. In den geistigen Gefechten blieb Johannes überlegen.

In der lateinischen und griechischen Sprache waren sie so weit geübt, daß sie fließend Cicero, Vergil und Demonsthenes lesen konnten. Die geschliffene, geistreich-nuancierte Sprache begeisterte Johannes, und er versuchte, selbst kleine Gedichte zu verfassen.

Neben Rhetorik, Denklehre und Musik kamen als neue Fächer Astronomie und Arithmetik hinzu. Die Beweise des Ptolemäus kannte er bald auswendig. Die Erde war eine Kugel, weil auf dem Weg vom Norden zum Süden und umgekehrt Sterne unter dem Horizont verschwanden und andere aufgingen; weil man von einem Schiff zuerst die Spitze des Mastes sah. Der Himmel war eine mächtige Kugel, an deren Rand die Himmelskörper entlangliefen. Sie alle bewegten sich in gleichbleibender gegenseitiger Entfernung so, als ob sie sich auf einer festen Sphäre befänden. Sie bewegten sich gleichförmig auf einer Kreisbahn, denn der Kreis und die Gleichförmigkeit waren den Himmelskörpern eigen. Der Kreis war die vollkommenste ebene Figur.

Die Erde stand im Mittelpunkt der Welt, denn alle Punkte und Bewegungen am Himmel waren gleich weit von der Erde entfernt. Die Erde war unbeweglich; würde sie sich um sich selbst drehen, müßte sie auseinanderfliegen.

Ptolemäus hatte die Beobachtungen und Anschauungen seines Vorläufers Hipparch fortgeführt und in ein großartiges System gebracht. Die danach geschaffenen Alfonsinischen Sternkarten sagten mit großer Genauigkeit den Stand der Gestirne voraus.

Die bedeutendsten Nachfolger von Ptolemäus waren Peurbach und Regiomontan, die vor über hundert Jahren gelebt hatten.

Ab und zu wurden Disputationen veranstaltet, an denen Schüler aller Klassen teilnehmen konnten. Johannes liebte die Streitgespräche, aber manchmal riß ihn seine Phantasie über das gesteckte Ziel hinaus.

»Wir wollen nicht alles wissen, was in deinem Kopf vorgeht«, ermahnte ihn der Präzeptor Spangenberger, »sondern was zum Thema gehört.«

Spangenberger ärgerte sich über Johannes, weil er sich nicht scheute, ihn vor allen Schülern verbessern zu wollen. Klug war er, aber deswegen mußte er nicht vorwitzig sein.

Er führte Johannes zu dem südöstlichen Turm der Mauer und sagte: »Dort hat vor siebzig Jahren Doktor Faustus gewohnt als Gast des Abtes Entenfuß. Gott sei seiner Seele gnädig. Faust hatte durch seinen Vorwitz den Teufel auf sich gelenkt, der ihm allerlei Zauberkünste beibrachte und dafür seine Seele erhielt. Nimmt dir an Faustens Höllenfahrt ein Beispiel. Heulen und Zähneklappern ist das Ende und ewige Verdammnis.« Spangenberger rollte die vorstehenden Augen und stampfte mit dem Fuß auf. Johannes blickte eingeschüchtert auf den von Bäumen umstandenen Turm. So nah konnte das Unheil sein. Aber er wußte nicht recht, ob Spangenberger ihn warnen oder schrecken wollte.

5

Johannes' Sehnsucht erfüllte sich in Tübingen. Maulbronn lag hinter ihm; er hatte die Prüfung zum Baccalaureus bestanden und konnte kaum erwarten, an der Universität immatrikuliert und als Stipendiat im Tübinger Stift aufgenommen zu werden.

Er war in die Stadt verliebt, in den sanft strömenden Neckar und seine weidenbestandenen Ufer, in die ansteigenden Gassen und die kunstvollen Fachwerkhäuser, in den Alten Platz mit dem Brunnen aus Sandstein, in die Universität und ihre Bibliothek.

Drei Monate vor seinem achtzehnten Geburtstag begann endlich das Studium. Sein Bart war kräftig gewachsen. Wenn er saß, war er kaum kleiner als die andern Studenten. An der Universität kam es auf den Geist an.

Zu den Sprachen kam Hebräisch, zu den andern Fächern Ethik und Redekunst hinzu. Jedes Fach weitete sich aus. Die Quellen wurden zu Flüssen, die in den Ozean des Wissens strömten. Jetzt mußte er hinausfahren und sich in Strömungen und Gegenströmungen zurechtfinden. Sein Schiff lag gut im Wind: In allen Fächern hatte er die besten Noten. Nur seine Predigten wurden nicht gut bewertet.

»Du bist zu weitschweifig«, sagte sein Theologieprofessor Matthias Hafenreffer. »Du läßt den Leuten zu viel Spielraum. Ihre Gedanken beschäftigen sich mit dem Gewerbe oder dem Handel, mit bäuerlichen Arbeiten und mit der Familie. Komplizierte Überlegungen verstehen sie nicht. Sie brauchen ein Beispiel, das sie gefangen hält, und keine schwierigen philosophischen oder theologischen Darlegungen.«

Hafenreffers dunkle Augen sahen ihn freundlich an. Sein Gesicht wirkte blaß unter dem schwarzen Haar. Er war nur zehn Jahre älter als Johannes, aber sein ernstes Wesen ließ ihn älter erscheinen.

»Ich möchte die Leute zum Nachdenken anregen«, antwortete Johannes.

»Genau das ist der Fehler.« Hafenreffer legte die Hände zusammen. »Mit der Predigt mußt du den Glauben festigen, die Liebe zu Jesus Christus und die Treue zu unserer Kirche.«

Johannes gab sich die größte Mühe, aber er konnte Hafenreffer nur selten zufriedenstellen.

»Du weißt, daß ich dich sehr schätze«, sagte der Professor. »Danach darf ich jedoch nicht urteilen, so leid es mir wegen deiner anderen Zensuren tut.«

Johannes fühlte sich in seiner Zuneigung zu Hafenreffer bestärkt. Er liebte ihn wie einen älteren Bruder, der ihn bei der Hand nahm und ihm nichts vormachte.

Ähnlich fühlte er sich Michael Mästlin verbunden, dem Professor für Mathematik. Sein Aussehen erinnerte ihn an Großvater Sebald. Doch er war gütig und besonnen.

»Eigentlich schade, daß du Pfarrer werden willst«, meinte Mästlin. »In Mathematik und Astronomie könntest du viel leisten.«

Johannes schwärmte von Mästlin. »Er hat einen unabhängigen Geist«, sagte er zu Christoph Ortolph, mit dem er sich angefreundet hatte.

Ortolph widersprach. »Er zieht sich zurück, wenn es darauf ankommt.«

Das glaube ich nicht«, entgegnete Johannes. »Wer beschäftigt sich schon mit dem copernicanischen und tychonischen Weltsystem?«»Er ist vor allem sehr vorsichtig, eine Verbeugung vor Copernicus, eine vor Tycho de Brahe. ›Denkmöglichkeiten, Hypothesen, mathematisch interessante Varianten‹. Ptolemäus ist der Felsen, auf dem die wahre Astronomie ruht.«

»Dann wollen wir Mut zeigen«, entgegnete Johannes.

»Ohhh!« Ortolph lehnte sich weit zurück.

»Was heißt ›ohhh!‹?« fragte Kepler zornig.

»Ohhh heißt, denk an dein Studium.« Er knuffte Johannes in die Seite. »Komm, wir wollen uns einen Krug Wein genehmigen.«

Im »Roten Hirsch« brannten nur wenige Öllampen. An den Wänden hingen Geweihe, der Kopf eines Wildschweins und ausgestopfte Fasanen, Eulen, Falken.

»Wir rücken zusammen«, rief Seiffer, »Ortolph und Kepler schmeißen eine Runde.«

»Wir lassen uns nicht lumpen«, antwortete Ortolph und zog Johannes auf die Bank.

»Sauft!« lallte Wieland. »Der Kepler, ja, der kann nix vertragen. Hirschwirt, noch 'ne Runde.«

Seiffer knallte ein Kartenspiel auf den Tisch. »Ich halte die Bank«, sagte er. »Zieh Karten!« Er hielt Johannes das Spiel vor die Nase.

Johannes zog drei Karten. »Genug.«

Seiffer deckte eine nach der anderen auf. »Zwanzig«, rief er.

Johannes warf die Karten hin. Er hatte neunzehn und verloren.

Der Wirt brachte eine Kanne. »Zum Wohl, die Herren«, rief er, »aber dem da« – er deutete auf Wieland – »gebt nichts mehr.«

»Maul halten«, lallte Wieland, doch Seiffer riß ihm die Kanne aus der Hand.

Sie spielten bis vor Mitternacht. Johannes hatte einen viertel

Reichstaler verloren und war wütend. Er trank noch einen Humpen und schlief ein. Als er aufwachte, schien die Sonne in die Gaststube. Sein Kopf war wie mit Kieselsteinen gefüllt.

Drei Tage Karzer verhängte der Senat.

»Die hättest du dir ersparen können.« Professor Mästlin sah gutmütig auf Johannes herab. »Aber einmal muß jeder in dem Loch gesessen haben«, tröstete er ihn. Sein knochiger Kopf mit den abstehenden Ohren lag auf der spanischen Halskrause wie auf einem Mühlrad. Er strich die Enden seines langen Bartes, legte die Hand auf Johannes' Schulter und verließ den Karzer.

Johannes hörte, wie sich seine Schritte auf den schwingenden Dielen des Dachbodens entfernten. Eine Tür knarrte, dann war es still.

Er sah sich in dem kleinen Raum um. In der Mitte stand ein Tisch aus dunklem Holz, der einzig dazu gedient zu haben schien, Zahlen und Namen hineinzuschnitzen. An der Wand stand eine Holzpritsche, an der andern war neben dem Kreuz ein Regal angebracht.

Ein Strahl der Abendsonne fiel durch das kleine Bodenfenster. Johannes öffnete es und lehnte sich weit hinaus. Es war schön, von der luftigen Höhe auf die dich an dicht stehenden Dächer zu blicken, über das hohe Rathaus hinweg bis zum Schloß Hohentübingen, dessen Flügel von wuchtigen Rundtürmen flankiert wurde.

In der Ferne wellten sich sanfte Hügel. Der Föhnwind hatte den Schnee vorzeitig geschmolzen. Die Ackererde schimmerte in einem feuchten Braun. Der Neckar hatte die Ufer überflutet und zog sich wie ein breites lehmgelbes Band um die dicken Stadtmauern.

In einem halben Jahr würde er die Magisterprüfung ablegen. Es war so gut wie sicher, daß er sie als einer der ersten vier bestehen würde. Dann kamen noch ein paar Jahre Studium, die Vorbereitung auf das Pfarramt. Mit Gottes Hilfe würde er die Menschen zum Guten führen. Es gab so viel Böses in der Welt, daß Johannes nichts wichtiger erschien, als für die Wahrheit und Gerechtigkeit einzustehen und ein Leben in Liebe und Güte zu führen.

Der Wind strich leise über das schiefergedeckte Dach. Johannes fühlte sich frei wie ein Vogel. Er sah sich über die schmalen Gassen schweben, die vom Neckar zum Ammerberg anstiegen, wo hinter schweren Mauern die kastellartige Burg lag. Er flog über das mächtige Langschiff der St.-Georgs-Kirche, neben der sich das Universitätshaus wie ein Küken zur Henne ausnahm. Von da glitt er über die turmbestückten Tore der Stadtmauer, über das Schmittor und das Hagtor, den Gottesacker und den Fürstlichen Garten mitten hinein in die Gänge der Weinberge zu den wagengroßen Fässern, aus denen er jetzt einen guten Tropfen gebrauchen könnte.

Mit einem wehmütigen Blick auf die glutrot versinkende Sonne schloß er das Fenster. Er wickelte sein Bündel auf, legte die Bibel, ein Buch von Scaliger und eins von Nicolaus von Cues zur Seite und nahm sein Feuerzeug heraus.

Mit dem Stahl schlug er kurz und scharf gegen den Stein, daß die Funken in den Zunder fielen, der sich mehr und mehr erhitzte, bis aus der Glut eine winzige Flamme hervorkroch, an der er den Docht der Kerze entzündete.

Er hielt die Hände über die Flamme und rieb sie aneinander, öffnete das kupferne, mit einem Holzpfropfen verschlossene Tintenfaß und spitzte die Feder mit dem Messer, das ihm der Vater zur Konfirmation geschenkt hatte.

Immer, wenn er das Messer zur Hand nahm, wurde ihm traurig ums Herz. Der Vater war tot. Er hatte keine Ruhe finden können, war grob zur Mutter gewesen, hatte sie sogar geschlagen und war schließlich fortgezogen und in der Nähe von Augsburg gestorben.

Johannes hatte alles in seinem Tagebuch verzeichnet. Er mußte seine Erlebnisse und Gedanken aufschreiben. Oft fühlte er sich unverstanden und hielt Zwiesprache mit sich und dem fernen, aber allgegenwärtigen Gott, der ihn wenigstens geduldig anhörte. Antworten erhielt er nicht; aber wenn er seine Fragen ausgesprochen hatte, fand er sie meist selbst. –

Plötzlich hörte er Schritte und Geflüster. Die Tür wurde einen Spalt breit geöffnet. Ein Strick flog herein.

Johannes lachte erleichtert. Seine Freunde wollten ihm einen Korb hochschicken mit Schinken und Brot, vielleicht sogar mit einem gebratenen Hähnchen und Wein, wie vor einigen Wochen dem Pastorensohn, der im Karzer gesessen hatte, weil er um Mitternacht eine Ritterrüstung durch die Gassen gezogen hatte.

Johannes kicherte und ließ den Strick Elle um Elle in die Dämmerung hinabgleiten. Das Ende hielt er ganz fest. Als er einen Ruck spürte, zog er den Strick hoch.

Ihm lief das Wasser im Munde zusammen. Man hatte nicht gespart, das Gewicht war beträchtlich. Die Freude beflügelte ihn und – da kam das Gefäß schon über den Dachvorsprung, ein Löscheimer aus Schweinsleder. Ein richtiger Berg wölbte sich unter dem buntkarierten Tuch.

Johannes zog es zur Seite und erstarrte. Vor ihm lag ein Totenkopf. Schließlich faßte er sich. Er nahm die Kerze und ging um den Schädel herum.

»Mann oder Frau?« fragte er laut und betrachtete den gebleichten Knochen, die Naht in der Mitte, die tiefen Augenhöhlen, die hervortretenden Backen- und Kieferknochen und das Gebiß, in dem einige Zähne fehlten.

Verschwunden war alles, was ihn lebendig gemacht hatte, die Augen und Ohren, die sanfte Haut über dem Fleisch. War er für immer verloren, oder wurde er nur ganz fein verteilt in der Welt. So fein wie die Atome des Demokrit. Vielleicht wurden die Toten geisterhafte Wesen, die alles durchdrangen.

Johannes schlug die Bibel auf und las den Vers aus Matthäus: Da ward Jesus vom Geist in die Wüste geführt, auf daß er von dem Teufel versucht würde. Und da er vierzig Tage und vierzig Nächte gefastet hatte, hungerte ihn. Und der Versucher trat zu ihm und sprach: »Bist du Gottes Sohn, so sprich, daß diese Steine Brot werden.«

Und Jesus antwortete und sprach: »Es steht geschrieben, der Mensch lebt nicht vom Brot allein, sondern von einem jeglichen Wort, das durch den Mund Gottes geht.«

Die Tage vergingen schnell. Seine Freunde schmuggelten ihm gutes Essen in den Karzer, und Johannes genoß die Ruhe; er las, er träumte, bis ihn seine Kommilitonen abholten und hochleben ließen.

Der Karzer war der Ritterschlag für einen zünftigen Studenten.

»Nun kann ich dich auch mal mit zu Regina nehmen«, meinte sein Freund Christoph. Er hatte Johannes schon oft von ihr erzählt, und Johannes hatte ihm geduldig zugehört.

Johannes zögerte, doch dann gab er dem Drängen nach und stapfte neben Christoph über die sanftgewellten Wiesen gen Lustnau. Die Sonne schickte Strahlenfächer unter schneeweißen Wolken hervor. Bienen und Hummeln summten über den Blüten. Lerchen trillerten unsichtbar in der Luft. Es roch nach Kräutern und schnittreifem Gras.

Regina hockte auf einer Decke. Neben ihr krabbelte ein Kind mit flaumigem hellen Haar.

»Na, was macht die Kleine?« fragte Christoph und reichte Regina die Hand.

»Katharina wächst und gedeiht.« Regina erhob sich. »Schön,

daß du mitgekommen bist, Johannes.« Sie blickte Christoph Zustimmung heischend an, doch er kniete nieder und tippte Katharina mit dem Finger auf die Nase.

»Wärst ein guter Vater«, sagte Regina. »Schade, daß du nicht fünf Jahre älter bist.«

Christoph wurde rot. »Bist ja selbst nicht älter als wir.«

»Das nicht«, entgegnete Regina, »bin aber schon Witwe und habe einen Haushalt und ein Kind.«

»Dann willst du wieder so einen Alten heiraten, wie?« Christoph ärgerte sich, daß Regina ihn nicht für voll nahm.

»Muß ich das?« fragte Regina und sah Johannes an.

Johannes lächelte verlegen. Warum Christoph nur mit ihr stritt? Es war so schön, einfach hier zu sein, Regina anzuschauen, auf ihre Worte zu hören, neben ihr sitzen zu können. Der Flieder duftete. Amseln und Meisen hüpften über die frisch geharkten Beete. Weißrote Apfelblüten schwebten sanft durch die klare Luft.

Reginas Mutter begrüßte Christoph wie einen alten Bekannten. Johannes betrachtete sie mit prüfendem Blick. »Ich habe euch Most und Kuchen auf den Tisch gestellt. Laßt meinen Mann nicht warten.«

Reginas Vater erhob sich und lächelte gutmütig. »Na, dann prosit.« Er trank den Gästen zu.

Johannes dachte an sein Elternhaus. Er fühlte sich so wohl und zufrieden wie lange nicht.

»Träumst du?« hörte er Regina sagen.

»Ein wenig.« Er fühlte sich befangen und war froh, als der Vater Karten mischte.

Nach dem Spiel führte Regina ihre Freunde in den Garten. Eine milde, nach Blüten duftende Abendluft strömte ihnen entgegen.

Johannes spürte Reginas Hand an der seinen, und es war ihm,

als ob eine heiße Flut in ihm aufstieg. Wenn er doch die Zeit anhalten könnte!

»Kommt ihr morgen wieder?« fragte Regina.

»Wenn wir dir nicht über werden«, antwortete Christoph und ging ins Stallgebäude.

Regina und Johannes sahen Christoph hinter der Tür mit dem Herz verschwinden. Sie wandten sich um und gingen langsam zurück. Unter dem Fliederbusch blieben sie stehen. Johannes hörte Regina atmen. Er spürte ihren Blick und sah in ihre dunklen Augen. Plötzlich fühlte er ihre Arme um den Hals, ihre Brust und ihre Lippen, die über sein Gesicht huschten und ihm die Besinnung raubten, als sie sich auf seine Lippen drückten.

Auf dem Kiesweg knirschten Schritte. »Komm wieder.« Reginas Mund strich über sein Ohr.

Auf dem Weg zum Stift sprachen die Freunde kein Wort. Sie hörten das Rascheln ihrer Füße in der ungeheuren Stille der Nacht.

Kurz vor Tübingen sagte Christoph: »Ab morgen gehst du allein. Aber wehe, wenn du auch nur ein Wort darüber verlierst.« –

Johannes lebte wie in einem Traum. Während der Vorlesungen, der Seminare, der Gottesdienste oder beim Spiel, immer war Regina an seiner Seite. Er flüsterte den Namen vor sich hin, malte ihn in sein Tagebuch, stellte sich ihr Gesicht, ihre Hände, ihren Gang vor.

Die Ferien nach der Magisterprüfung, die er als Zweitbester von vierzehn Kandidaten bestanden hatte, hätte Johannes gar zu gern in Lustnau verlebt. Aber er wagte weder Regina noch ihre Eltern zu fragen.

So sehr er sich auf seine Mutter, seinen Bruder und seine Schwester freute, jeder Tag, den er nicht mit Regina verbringen konnte, schien ihm verloren.

Endlich war der Tag gekommen, an dem er Regina wiedersehen konnte. Wie hatte er so lange ohne sie leben können?

Auf dem Weg zu ihrem Haus war ihm seltsam zumute. Ungeduld und Furcht trieben ihn zur Eile. Er hatte Regina jede Woche einen Brief geschickt, aber selbst nur einen erhalten. Regina hatte das Kind und den Haushalt und den Garten.

Johannes malte sich aus, wie sie ihm entgegenkommen und ihn ansehen würde. Er sah ihre frische Haut, ihre hellen Haare, und er fühlte, wie sie ihn in ihre Arme schließen würde.

Reginas Mutter erwartete ihn im Garten. »Schön, dich wiederzusehen«, sagte sie etwas förmlich. »Gute Wochen verlebt?«

Johannes nickte und ließ sich von ihr durch den Garten führen. Die Blätter verloren ihr stumpfes Spätsommergrün und färbten sich gelb, orange und rot. Die Wiese war trocken, Birnen und Äpfel lagen unter den Bäumen.

»Bei uns hat sich nun auch etwas verändert«, fuhr die Mutter fort. »Regina hat Besuch. Ihr Töchterchen bekommt wieder einen Vater.«

Die Luft schien von einem eiskalten Hauch durchweht. Johannes starrte nur immer auf den Fliederbusch und meinte, sich und Regina dort stehen zu sehen. Unmöglich konnte das Gehörte wahr sein. Er sah Reginas Vater kommen, hörte irgendwelche Laute, spürte eine rauhe Hand in der seinen. Wohin er auch blickte, alles war wie mit dichtem Nebel verhangen.

Nach einer Weile merkte er, daß er auf dem kühlen Steinsockel des Brunnens saß. Reginas Vater hackte Holz, die Mutter sammelte Birnen und Äpfel. Der Garten, das Haus, die Wiese, sie erschienen ihm fremd und feindlich.

Langsam erhob er sich. Seine Beine bewegten sich mechanisch. Regina trat aus der Tür und kam auf ihn zu. Sie war es wirklich, und sie lächelte ein wenig hilflos, als wollte sie sich entschuldigen.

»Konntest du es dir nicht denken?« fragte sie. Sie bemerkte den flehenden Blick, und ihre Augen füllten sich mit Tränen.

»Du bist noch so jung«, sagte sie leise. »Dein langes Studium. Ich bin doch eine Frau, und Katharina braucht wieder einen Vater.«

»Ja, ja«, antwortete Johannes. »Ich verstehe doch wohl.« Seine Kehle war wie zugeschnürt. Die Sehnsucht nach ihren Armen und ihrem Mund überwältigte ihn, aber er konnte sich nicht rühren. Nur einmal noch, dachte er, doch er fühlte, daß alles verloren war.

»Ich wünsch' dir, daß du glücklich wirst«, flüsterte Johannes. Dann wandte er sich um und verließ mit schnellen Schritten den Garten.

Er fühlte sich taumelig und elend. Nur fort von hier, raus aus dem Dorf, weg von den Fenstern und Türen. Er ging immer schneller und lief, als er die Wiese und den Bach erreichte, lief, bis er torkelnd nach Luft japste.

6

Johannes versuchte, Regina zu vergessen. Er war wirklich noch zu jung für eine eigene Familie. Nach dem Studium würde man ihn anders ansehen. Ein Pfarrer war ein hochgeachteter Mann.

Johannes freute sich auf das geistliche Amt. Als Pfarrer konnte er viel Gutes bewirken. Dafür wollte er lernen. Begabt war er, nur fehlte es ihm an Ausdauer und Fleiß. Die Neugier trieb ihn von einer Arbeit zu anderen, doch oft unterschätzte er die Schwierigkeiten.

In Disputationen ließ er sich leicht zu unbesonnenen Behauptungen hinreißen. Er liebte den Widerspruch und stellte auch ganz sicher angesehene Sätze in Frage. Die Professoren wünschten zwar lebhafte Diskussionen, aber Johannes ging ihnen manchmal zu weit.

Selbst von Mästlin mußte er sich diesen Vorwurf gefallen lassen, als er sich für die Einführung des Gregorianischen Kalenders anstelle des alten Julianischen aussprach. »Er stellt doch die Übereinstimmung mit dem Stand der Gestirne wieder her«, hatte er gemeint.

»Das ist nicht nur eine Frage der Astronomie, das solltest du auch wissen«, sagte Mästlin ärgerlich.

»Was denn sonst?« fragte Johannes ungeduldig. »Wollen wir denn immer um zehn Tage hinter dem tatsächlichen Stand der Sonne herhinken?«

»Nie werden wir Evangelischen den Kalender des Papstes Gregor anerkennen«, entgegnete Mästlin entschieden.

»Aus dem gleichen Grund könnten wir uns dann ja für Copernicus' Astronomie entscheiden«, meinte Johannes lakonisch.

»Du bist ein hartnäckiger Bursche«, Mästlin lachte schallend. »Den Gefallen werden wir den Papisten nicht tun.« Er schwieg und hörte auf den Sturm, der bunte Blätter am Fenster vorübertrieb. »Die Astronomie des Copernicus ist eine Hypothese, noch weniger begründet als der Gregorianische Kalender. Ich habe das in meinen Vorlesungen wohl deutlich genug gesagt.«

Johannes wollte nicht undankbar sein. Aber er konnte Mästlins Auffassung nicht verstehen und sagte: »Copernicus hat Ptolemäus' Behauptung widerlegt, daß die Erde im Mittelpunkt der Welt stehen müsse, weil der Horizont überall gleich weit entfernt zu sein scheint. Diesen Eindruck hat man überall, ganz gleich, wo auf der Erde man steht.«

Das Feuer im Kamin brannte lebhaft. Mästlin rückte seinen Stuhl zurück und entgegnete: »Ich sehe keinen Grund, der Erde ihren Platz streitig zu machen, andernfalls müßte man sie auch, wie Copernicus, als bewegt ansehen. Ich spüre aber keine Bewegung, ich sehe die Sonne und die Sterne um die Erde herumlaufen. Außerdem müßte die riesige Erdkugel auseinanderfliegen, wenn sie sich um sich selbst drehen würde.«

»Und die viel größere Himmelskugel nicht?« fragte Johannes.

Mästlin erhob sich und ging auf und ab. Schließlich sagte er: »Natürlich können die Bewegungen am Himmel ebensogut durch die Bewegung der Erde erklärt werden. Aber dem steht der Einwand von Archimedes entgegen. Bis heute läßt sich keine Fixsternparallaxe nachweisen.« Er trat ans Fenster und fuhr fort: »Liefe die Erde um die Sonne herum, müßte sich die Erdbahn am Himmelsgewölbe nachweisen lassen. Das aber hat selbst Tycho de Brahe mit seinen wunderbaren Instrumenten nicht vermocht.«

Johannes stellte sich neben Mästlin. »Wenn es nun doch so ist, wie Copernicus schrieb, daß die himmlischen Entfernungen dafür zu groß sind?«

Mästlin legte die Hand auf Johannes' Schulter. »Eine Hypothese also, Du kannst es glauben oder nicht.«

Die Sonne versank hinter den Dächern. Der Sturm hatte sich beruhigt. Die ersten Sterne erschienen in der graublauen Ferne.

»Copernicus' System ist vielleicht etwas leistungsfähiger als das ptolemäische«, sagte Mästlin leise. »Wer aber soll begreifen, daß wir auf einem sich rasend schnell drehenden Erdball stehen und gleichzeitig noch auf einem riesigen Kreis um die Sonne herumsausen.« Er schüttelte den Kopf. »Ohne zwingende Gründe werde ich die ptolemäische Astronomie nicht aufgeben.«

Johannes hielt die Bewegung der Erde für wahrscheinlicher als die des Himmels. In der bevorstehenden Disputation wollte er kein Hehl aus seiner Meinung machen.

Mästlin warnte ihn. »Du stehst auf einem unsicheren Boden. Außerdem bestimmt die Obrigkeit über den Kalender wie auch über die Konfession. Was glaubst denn du, warum dich Wieland zur Disputation aufgefordert hat?« Mästlin atmete erregt. »Du läufst in eine Falle, die er und andere dir stellen.«

Sein Gesicht erschlaffte plötzlich. Er schloß das Fenster. »Warum«, fuhr er fort, »warum willst du die Meute gegen dich aufbringen? Du schadest dir nur selbst.«

»Schaden?« fragte Johannes unwirsch. »Wenn nun Albertus Magnus oder Martin Luther oder Nicolaus Copernicus auch so gedacht hätten?«

Mästlin sah über Johannes hinweg. »Wer nicht hören will, muß fühlen«, antwortete er bitter. Er wandte sich schroff um und verließ den Raum.

Die Disputation fand einige Tage später in der Aula der Universität statt. Der hohe Senat saß in festlichen Gewändern auf dem Podium. Professor Mästlin eröffnete den Disput.

»Papst Gregor der Achte, unser gefährlichster Feind, behauptete, daß er der Christenheit mit seinem neuen Kalender einen großen Dienst erwiesen hat. Unbescheidenerweise nennt er ihn auch noch den Gregorianischen.« Er hüstelte, bevor er fortfuhr: »Die Papisten haben auf den 4. Oktober 1582 den 15. Oktober folgen lassen und die dazwischenliegenden Tage einfach gestrichen. Als hätte es sie nie gegeben.

Wir Evangelischen haben diesen Hokuspokus nicht mitgemacht. Und sind daher um zehn Tage reicher als die Katholiken. Und nicht, wie diese behaupten, zehn Tage hinter ihnen zurück.

Uns ist allen bekannt, welche Gründe die Papisten für ihren Frevel anführen. Wir wollen hier kein Ergebnis vorwegnehmen, sondern zum freien Disput übergehen.« Er schwieg mit bedeutungsvollem Nicken und gab Wieland das Wort.

Dieser wiederholte die Gedanken Mästlins ausführlich und sprach über die Untaten des Papstes, der den Mord an Tausenden von Hugenotten in der Bartholomäusnacht hatte feiern lassen.

Wieland genoß die Wirkung seiner Worte. »Aber überall dort«, er erhob die Stimme, »wo die Papisten in offenem Kampf gegen die Protestanten antreten mußten, wurden sie geschlagen: in den Niederlanden, in England und selbst auf dem Meere, wo ihre größte Flotte, die Armada, auf den Meeresgrund geschickt wurde. Mit dem neuen Kalender wollen die Papisten nur von ihren Niederlagen ablenken.«

Der Beifall war so stark, daß Johannes einige Herzschläge lang gar nicht mehr wußte, wozu er eigentlich hatte sprechen wollen. Und die anderen schienen sich ebenfalls zu fragen, was da nun noch kommen sollte.

In den Augen, die er auf sich gerichtet sah, glomm es fanatisch. Johannes fühlte sich zum äußersten Widerspruch gereizt. »Wenn ich unserm Bruder Wieland folgen wollte«, sagte er, »dann müßte er mir die Kunst verraten, aus dem Untergang der Armada den Lauf der Gestirne zu bestimmen. Oder sollte ich mich darin geirrt haben, daß hier über den Kalender disputiert werden soll?« Er sah Mästlin fragend an.

Dieser antwortete, mit einem Blick auf den Rektor und seine Kollegen: »Über den Kalender, Johannes Kepler, das ist schon richtig.«

»Dann habe ich nichts gegen Wieland zu sagen«, entgegnete Johannes, »denn er sprach über die Papisten. Ich weiß nicht, ob ich dennoch reden soll.«

Mästlin wollte die Disputation abbrechen, aber der Rektor meinte:»Hören wir uns doch an, was unser Bruder Kepler zum Kalender sagen will.«

Johannes reckte sich. »Wenn wir über den Kalender sprechen«, sagte er, »fragen wir, was er leistet. Und nicht, wer ihn aufgestellt hat und wozu.

Seit drei Generationen bemühen sich alle christlichen Astronomen, einen Kalender zu schaffen, der mit der Jahreszeit übereinstimmt. Ich erinnere an das Lateinische Konzil von 1514, zu dem auch Copernicus eingeladen war, aber nicht teilnahm, weil er befürchten mußte, wegen seines neuen astronomischen Systems ausgelacht oder verdammt zu werden.«

Hafenreffer rief: »Du sprichst auch nicht zur Sache!«

»Doch«, entgegnete Kepler. »Denn was Papst Gregor durch seine Bulle angeordnet hat, ist der Kalender, der für alle, für die Mohammedaner ebenso wie für die Evangelischen oder Barbaren, gültig ist. Weil er« – Kepler wartete, bis das Raunen derjenigen verstummte, die das Wort Papst mehr reizte als das rote Tuch den Stier – »weil der Kalender, der neue, mit dem Lauf der

Erde um die Sonne besser übereinstimmt als der von Julius Cäsar vor 1500 Jahren eingeführte Julianische Kalender.«

»Mit dem Lauf der Erde um die Sonne?« fragte der Rektor in das eisige Schweigen.

»Ja, um die Sonne.« Johannes verbeugte sich. Er war glücklich, gesagt zu haben, was er dachte.

»Das ist«, hub Mästlin stockend an, »wohl mehr eine mathematische Hypothese. Wir kennen die Schwäche unseres Bruders Kepler für gewagte Ideen. Protestanten sind freien Sinnes und halten mit ihren Gedanken nicht hinter dem Berge.« Er wischte sich mit dem Handrücken den Schweiß von der Stirn und schloß die Versammlung.

Sein Freund Ortolph legte den Arm um Johannes' Schulter. »Hast dich zu weit vorgewagt, mein Lieber. Man wird es nicht vergessen.«

War er unbesonnen, leichtfertig, rechthaberisch? Johannes blickte unsicher auf Matthias Hafenreffer, der mit kleinen energischen Schritten im Zimmer auf und ab schritt. Oder brauchte er den Streit, um sich selbst zu finden? Für ihn war nichts schlimmer, als seine Gedanken verschweigen zu müssen.

Mit einem Ruck blieb Hafenreffer vor ihm stehen. »Glaubst du etwa, besser als wir alle zu wissen, was Jesus Christus gelehrt hat?«

»Liebe deinen Nächsten wie dich selbst«, sagte Johannes ruhig. »Es ist nicht christlich, die Papisten, die Kalvinisten und die Anhänger Zwinglis zu verurteilen, weil sie die Worte unseres Herrn anders verstehen als wir Lutheraner.«

»So!« rief Hafenreffer. »Dann ist es dir wohl gleich, ob du evangelisch oder katholisch bist?«

»Ich bin evangelisch«, antwortete Johannes, »aber deshalb kann ich die Papisten oder die Kalvinisten doch achten.«

»Nein!« Hafenreffer wandte sich ab. »Wir Lutheraner allein bewahren das Wort Christi. Wir haben den einzig richtigen Glauben.«

»Niemand weiß, wer den rechten Glauben hat«, trotzte Johannes.

»So!« rief Hafenreffer, »niemand weiß also, wer den rechten Glauben hat. Und damit willst du auf die Kanzel steigen und einer Gemeinde predigen.«

»Das Evangelium ist mir heilig«, antwortete Johannes ernst. »Gerade deshalb achte ich jeden Menschen. Auch die Mohammedaner und selbst die Heiden.« Seine Augen glänzten und sahen flehend auf seine Lehrer.

Matthias Hafenreffer ballte die Fäuste. »Du bist ein Narr«, schrie er. »Die Papisten rüsten gegen uns und schicken die Jesuiten. Die Türken kommen mit Feuer und Schwert. Sollen wir Evangelischen uns abschlachten lassen?«

Johannes seufzte. Was sollte er antworten? Er hatte doch etwas ganz anderes gemeint. »Immer nur Streit und Gewalt«, sagte er leise, »weil einer den anderen nicht achtet. Vor Gott sind alle Menschen gleich.«

»Und wenn die Jesuiten sage, der Lutheraner Kepler ist des Teufels? Oder wenn ein Türkensäbel dir den Hals …?« Hafenreffer fuhr sich mit der Hand unter dem Kinn entlang.

»Hie katholisch, da evangelisch – können die Menschen nicht in Frieden miteinander leben? Ohne Haarspalterei, in brüderlicher Liebe?«

Hafenreffer schwieg. Schließlich sagte er: »Du bist starrsinnig, Johannes, bildest dir etwas ein auf deinen Verstand. Und du bist überheblich gegenüber deinen Lehrern, du vertraust ihnen nicht. Glaub mir, der Dumme bist du, du setzt dich zwischen die Stühle. So wird man dir keine Gemeinde anvertrauen.«

Dunkle Wolken zogen über den Himmel. Der Wind trieb Regen gegen die Fenster. Johannes war bestürzt.

Wie oft hatten ihn seine Lehrer gelobt, und wie sehr hatte er sich immer darüber gefreut. War er undankbar gegen Mästlin und Hafenreffer?

Der Senat tagte noch vor den Weihnachtsferien. Die meisten der Professoren waren mit ihren Gedanken schon beim Fest.

Das Gymnasium in Graz braucht einen Lehrer für Mathematik, die Stände einen Landschaftsmathematiker«, sagte der Rektor. »Ich bitte um Vorschläge.«

Einige Augenblicke war es still, dann riefen mehrere Stimmen: »Kepler, Kepler, Johannes Kepler.«

Der Rektor sah fragend zu den neben ihm sitzenden Senatoren, die leicht mit dem Kopf nickten.

»Er wird nie ein guter Pfarrer, er ist nicht entschieden genug evangelisch«, sagte einer. »Er läßt Kalvinisten und Papisten gelten. So einer taugt nicht zum Hirten einer Gemeinde.«

»Kepler ist zwar mein bester Schüler, aber er ist vorwitzig. Seine Fragen lassen den genügenden Respekt vermissen.«

»Wir sollten hier nicht den Stab über einen jungen Menschen brechen«, warf Matthias Hafenreffer ein. »Johannes Kepler ist wißbegierig und aus tiefster Seele aufrichtig.«

»Sind wir etwa nicht aufrichtig?« rief ein Professor ärgerlich und sah mißmutig auf Hafenreffer.

»Warum wollen wir ihn nicht erst sein Studium beenden lassen?« fragte Michael Mästlin. »Sie wissen doch alle, meine Herren, was es bedeutet, die Ausbildung abzubrechen.«

»Das Gymnasium kann nicht warten«, sagte der Rektor. »Spätestens zu Ostern des neuen Jahres muß die Stelle besetzt werden. Wir haben damit auch eine Christenpflicht gegenüber unseren Glaubensbrüdern in der Steiermark zu erfüllen.«

»Kepler tut mir leid«, sagte der Lateinlehrer. »Er ist sehr begabt.«

»Und gutmütig«, meldete sich ein anderer, der das Fach Logik unterrichtete. »Er hat einen guten Charakter, weiß Gott.«

»Also wird er ein vortrefflicher Lehrer sein«, sagte der Rektor. »Überdenken wir den Vorschlag. Im neuen Jahr wollen wir mit Kepler sprechen.«

Die Professoren erhoben sich schnell. »Haben sie wieder eine Gans?« »Wir haben eine Pute dieses Mal, ganz vorzüglich.« Lachen, Flüstern, Festtagswünsche hallten unter dem Kreuzgewölbe.

Hafenreffer verließ mit Mästlin den Raum. »Ich bin traurig«, sagte er. »In einem Jahr hätte er es geschafft.«

Mästlin blieb stehen. »Es wird ihn hart treffen.« Er reichte Hafenreffer die Hand. »Wer weiß, wofür es gut ist.«

Der Schnee fiel in dichten Flocken. Die Glocken der Pfarrkirche begannen zu läuten.

7

Nach den Weihnachtsferien bestellte der Rektor Johannes zu sich. »Wir haben im Senat beraten und dich auserwählt«, sagte er, während sein Blick wohlwollend auf Johannes ruhte.

»Nach Graz? Warum ausgerechnet ich?« Es kam öfter vor, daß die Universität auswärtigen Schulen half. In Graz unterrichteten seit vielen Jahren Professoren aus Tübingen. Aber er wollte sein Studium beenden und ein Pfarramt übernehmen. Damit war das Amt an der Stiftsschule nicht zu vergleichen.

Einen Monat Bedenkzeit!

Seine Mutter, Großvater Sebald, Hafenreffer und Mästlin rieten ihm zu. Der Herzog, der beim Einsatz der Stipendiaten gefragt werden mußte, pflichtete der Entscheidung des Senats bei. Was sollte er sich noch sträuben? Eines Tages würde ihn vielleicht der Senat an die Universität zurückholen.

Noch nie hatte Johannes eine so weite Reise gemacht. Am 13. März 1594 verstaute er sein Gepäck auf dem Planwagen. Sein Vetter, der ihn begleiten wollte, spannte die Pferde an. Das Land lag kahl in der truben Sonne. Die Wege waren weich, in den Nächten froren die Pfützen, morgens krachte das Eis unter Hufen und Rädern.

Sie reisten über Ulm, München, Salzburg und Bruck. Hinter der württembergischen Grenze trug Johannes das neue Datum des Gregorianischen Kalenders in sein Tagebuch ein. Nun war er den Leuten in Tübingen um zehn Tage voraus.

Drei Wochen dauerte die Fahrt durch Dörfer und Städte, über Bäche und Flüsse, durch weite Täler und enge Schluchten, am Fuße bewaldeter Berge und schneebedeckter Gipfel entlang.

Sie passierten das Herzogtum Bayern und erreichten das Herzogtum Steiermark, dessen Hauptstadt Graz war. Die meisten Bewohner der Städte, viele Adlige und Bauern hatten sich für die evangelische Kirche entschieden. Aber die katholische Kirche wollte sich damit nicht abfinden, und der Landesherr unterstützte sie. Er hatte ihr in Graz die Einrichtung einer Universität ermöglicht, die unmittelbar neben der evangelischen Stiftsschule lag. Johannes hätte beinahe die Eingänge verwechselt.

Aber nun stand er vor dem Rektor Papius und dem Pastor Zimmermann, die ihn herzlich begrüßten. »Wir haben dir in der Schmiedgasse eine Wohnung gemietet«, sagte Papius. »In der Schule wirst du nur wenige Schüler haben. Mathematik ist ein Wahlfach. Die meisten sind zufrieden, wenn sie zählen und den Wechselkurs der Münzen ausrechnen können. Es bleibt dir genügend Zeit für die Landstände.«

Der Landeshauptmann Sigismund Friedrich von Herberstein musterte Johannes lange, bevor er sagte: »Wir legen allergrößten Wert auf einen guten Kalender mit zuverlässigen Angaben über die Phasen des Mondes, die Stellung der Planeten, den Auf- und Untergang der Sonne, die günstigsten Zeiten für Saat und Ernte. Aber auch, ob es einen nassen oder einen trockenen Sommer, einen milden oder einen kalten Winter geben wird und was sonst noch im Lande geschehen könnte.«

Der Diener brachte Wein, und nachdem sie einen Schluck getrunken hatten, fuhr von Herberstein fort: »Ihr versteht doch etwas von den Sternen?«

Als Johannes nickte, sagte der Landeshauptmann: »Wenn

Eure Prognose für das Jahr 1595 sich bewahrheitet, dann soll es mich freuen. Ich kenne viele Leute, die sich ihr Horoskop stellen lassen möchten. Das könnte Eurem Salär zugute kommen.«

»Horoskope habe ich bereits in Tübingen gestellt«, entgegnete Johannes, »aber eines müßt Ihr wissen, ich schmeichle nicht.«

»So gefallt Ihr mir«, antwortete von Herberstein und stieß mit Johannes an.

Bald fühlte er sich nicht mehr als Fremder. Er mochte die Stadt, den mächtigen Schloßberg, die Mur mit ihren Inseln und dem blauweißen Wasser, das prächtige Haus der Landstände mit Laubengängen, die ihn an das Stuttgarter Schloß erinnerten.

Aber in seiner Wohnung fühlte er sich einsam. Manchmal erinnerte er sich an Regina. Auf den Straßen begann er, den Mädchen nachzuschauen.

»Du solltest heiraten«, rieten ihm einige Kollegen. »Erst mit Frau und Kindern fühlt man sich wohl.«

Der Arzt Johann Oberndorffer, mit dem er Freundschaft geschlossen hatte, meinte: »Ich kenne eine hübsche Witwe. Sie hat ein niedliches Töchterchen und ist wohlversorgt. Sie war schon zweimal mit alten Männern verheiratet, aber sie ist nicht älter als du. Ich nehme dich mal mit zu Barbara. Wenn sie dir gefällt, mache ich den Brautwerber.«

Oberndorffer hatte nicht zu viel versprochen. Barbara sah gut aus, nur etwas behäbig erschien sie Johannes. Ob sie etwas ahnte? Sie erwiderte sein Lächeln. Das Töchterchen Regina schien ihn zu mögen.

»Gut«, meinte Oberndorffer, »dann fahren wir zu ihrem Vater. Ich muß ihn ohnehin behandeln, er leidet unter Furunkeln.«

Johannes wartete im Nebenzimmer und hörte die poltrige Stimme des Müllers. »Warum kriege ich diese Dinger? Und ausgerechnet da, wo der Mensch drauf sitzt?«

»Iß weniger Fleisch und trink den Tee, den ich dir gegeben habe.«

»Tee.« Der Müller stöhnte. »Ihr wißt rein gar nix, ihr vermaledeiten Ärzte.« Er schrie mörderisch, bis Oberndorfer sagte: »Ist ja eh vorbei, gib endlich Ruhe.«

Eine Weile war es still, dann hörte Johannes die Stimme Oberndorffers. »Ich habe einen neuen Schwiegersohn für dich, Jobst Müller, einen jungen, hoffnungsvollen Mann.«

»Jung und hoffnungsvoll?« Der Müller schnaufte. »Das klingt schlecht, das riecht nach arm und besitzlos.«

»Er ist Professor an unserer Schule und Landschaftsmathematiker der Stände. Unser Rektor und der Landeshauptmann schätzen ihn sehr.«

»Ein Schulmeister für meine Barbara? Ein Hergelaufener, kein Steirer?« Der Müller lachte. »Aber geh, Oberndorffer, die Barbara braucht einen von Stand, mit Grundbesitz und Geld.«

»Den brauchst du, alter Geizkragen!« rief Oberndorffer empört. »So einen Schwiegersohn wie den Kepler bekommst du nicht noch einmal. Barbara sollte dir etwas husten.«

»Da schau her. Barbaras Besitz habe ich in der Hand, ich allein. Ich werde ihn nicht von einem Hungerleider auffressen lassen.«

»Keplers Einkommen ist groß genug, Jobst Müller. Bin ich dein Hofhund oder ein Brautwerber, he? Was bestellst du dem Professor?«

Johannes' Herz begann heftiger zu klopfen. Die Stille erschien ihm unerträglich lang. Draußen krähte ein Hahn. Aus der Ferne ertönte eine Glocke. Endlich hörte er den Müller antworten: »Ich will mit der Barbara reden, hörst? So eilig hat er's doch nicht, der Professor!«

Auf der Rückfahrt sagte Oberndorffer: »Er ist ein Grobian, aber er wird zustimmen.«

Johannes hatte den Kalender fertig. Dem Rektor und dem Pastor Zimmermann gefiel er. »Das nenne ich einen guten Anfang«, sagte Zimmermann. »Gehen wir essen!«

Johannes tunkte einen Knödel in die Soße und stopfte ihn in den Mund.

»Willst du uns nicht verraten, wie du zu den Prognosen gekommen bist?« fragte Papius und biß in ein Hasenläufchen.

»Man schaut und hört im Lande herum«, antwortete Johannes. »Die Stellung der Planeten, ihre Konstellation und die Ausdeutung. Vielleicht habe ich Glück.«

»Du sagst keine erfreulichen Dinge voraus – einen kalten Winter, Bauernunruhen und Einfälle der Türken.« Zimmermann umfaßte den Humpen und nahm einen kräftigen Schluck. »Nun ja«, meinte er, an Papius gewandt, »Graz ist die stärkste Festung im Land. Für den Winter können wir uns ja ein paar Klafter Holz mehr bestellen. Wenn deine Voraussagen eintreffen sollten, Johannes, dann hast du bei den Landständen einen Stein im Brett.«

Johannes war selbst gespannt. Der Winter kam und im Januar die eisige Kälte. Manchem erfroren die Ohren. Dann griffen die Türken an und verwüsteten weite Gebiete an der Grenze. Schließlich erhoben sich die Bauern ob der Enns und stürmten Gutshöfe, Klöster und Burgen.

Die Leute erkundigten sich nach dem neuen Kalendermacher und bewunderten ihn. Der Landeshauptmann Sigismund Friedrich von Herberstein rief ihn zu sich und sagte: »Wer so in den Sternen lesen kann! Meinen Respekt. Für gute Arbeit versprach ich guten Lohn. Dieses fürs erste.« Er reichte Johannes einen schweren Becher aus Silber, in den springende Gemsen und Jäger eingraviert waren.

Frohgestimmt verließ Johannes das Grazer Landhaus. Er ging durch die gewundene Stempfergasse und ließ den Blick von einem Fenster zum anderen schweifen, aber heute sah er nicht einmal Barbara. Wenn er Pastor geworden wäre, hätte sich der Müller nicht so aufgespielt.

Aber er wollte nicht mit seinem Schicksal hadern. Gott hatte ihn auf diesen Weg gewiesen, und er spürte die Kraft, auch als Mathematiker und Astronom etwas Bedeutendes zu leisten.

Der Kalender hatte ihn bestärkt. Wenn er schon nicht das Wort Gottes verkünden konnte, dann wollte er das Werk Gottes um so gründlicher studieren und preisen. Je besser die Menschen Gottes Schöpfung begriffen, zu desto tieferer Andacht gelangten sie, desto näher kamen sie Gott.

Das eindrucksvollste der göttlichen Werke schien Johannes der Himmel, die Ewigkeit seiner Erscheinungen. Copernicus hatte das Tor zum richtigen Verständnis des himmlischen Gebäudes aufgestoßen. Johannes wollte hindurchschreiten und seine innere Struktur erschauen. Er war wie Copernicus überzeugt, daß die Natur das Einfache liebte. Das ptolemäische System mit seinen vielen Hilfskreisen widersprach diesem Gedanken. Nur die Sonne, die Licht und Leben brachte, nur sie konnte in der Mitte der Planeten stehen.

Fragen über Fragen. Warum gab es gerade sechs Planeten? Welches war die Ursache für die Bewegung der Planetenbahnen und ihre Größe? War das Weltall nach geometrischen Gesetzen geschaffen? Die Kugelform, die Kreisbahnen, die sechs Planeten: auf den äußeren Bahnen Erde, Mars, Jupiter und Saturn; auf den inneren Bahnen Venus und Merkur.

War die Erdbahn das Maß für alle anderen Planetenbahnen? Lag in ihr das Geheimnis des Bauplans verborgen?

Es war zwei Tage vor der Sonnenwende 1595, letzte Schulstunde, Mathematik. Johannes hatte die fünf vollkommenen oder Platonischen Körper an die Tafel gezeichnet: die regelmäßigen Vielflächner, und die Schüler schrieben schwitzend die Namen in ihre Hefte: Dodekaeder, Tetraeder, Würfel, Ikosaeder, Oktaeder.

Plötzlich stutzte Johannes und starrte auf die zweite Tafel, auf der noch aus der Astronomiestunde die Planeten standen und ihre Bahnen um die Sonne. Seine Vorstellung begann, jede Planetenbahn mit dem Gerüst eines Platonischen Körpers zu umgeben ...

Die Schüler hatte er vergessen. Erst, als sie zu lärmen begannen, kehrten seine Gedanken zurück. Er schickte die Jungen nach Hause und vertiefte sich in seine Idee. Tagelang rechnete und probierte er, bis er eine Übereinstimmung gefunden hatte zwischen den Abständen der Planeten von der Sonne und den Radien der Polyeder oder Vielflächner sowie der ihnen eingeschriebenen und umschriebenen Kugeln.

Er hatte den geheimen Bauplan der Welt entdeckt, das Weltgeheimnis enträtselt. Er hatte Gottes Gedanken gelesen.

In unermüdlicher Eile arbeitete er an seinem Manuskript ... ›Die Erde umschreibe ein Dodekaeder; die dieses umspannende Sphäre ist der Mars. Der Marsbahn umschreibe ein Tetraeder; die dieses umspannende Sphäre ist der Jupiter. Der Jupiterbahn umschreibe einen Würfel; die diesen umspannende Sphäre ist der Saturn. Nun lege in die Erdbahn ein Ikosaeder; die diesem einbeschriebene Sphäre ist die Venus. In die Venusbahn lege ein Oktaeder, die in diesem eingeschriebene Sphäre ist der Merkur.‹

Es war wie ein Wunder: Die Zahl der vollkommenen Körper war auf fünf beschränkt, fünf, wie die Zahl der Zwischenräume zwischen den Planetenbahnen.

Staunend stand er vor seinem eigenen Werk, dem Mysterium Cosmographicum. Gott hatte ihm endlich gegeben, worum er ihn so lange gebeten hatte. Er faltete tief dankbar seine Hände zum Gebet.

»Großer Künstler der Welt,
ich schaue wundernd die Werke deiner Hände,
nach fünf künstlichen Formen erbaut
und in der Mitte die Sonne,
Spenderin des Lichts und Lebens,
die nach heiligem Gesetz
zügelt die Erden
und lenkt in verschiedenem Lauf.
Ich sehe die Mühen des Mondes
und dort Sterne zerstreut auf unermessener Flur.
Vater der Welt, was bewegte dich,
ein armes, ein kleines schwaches Erdengeschöpf
so zu erheben, so hoch,
daß es im Glanz dasteht,
ein weithin herrschender König,
fast ein Gott,
denn er denkt deine Gedanken dir nach.«

Der Rektor hatte Johannes' Manuskript gelesen. »Ich bewundere die Kühnheit deiner Idee«, sagte er begeistert. »Mästlin hat mir auch geschrieben«, sagte Johannes, glücklich über die Zustimmung. »Er befürwortet den Druck. Ich möchte dabei sein. Wenn ich Urlaub bekommen …«

»Oh!« rief der Rektor, »darüber läßt sich reden.«

Johannes lief zu Oberndorffer. »Ich habe zwei Monate frei und will morgen schon aufbrechen«, sagte er außer Atem.

»Nun setz dich erst mal und trink einen Wein mit uns«, Oberndorffer reichte ihm den Becher, den Johannes in einem Zug leerte.

»Den Durst möchte ich haben«, staunte Frau Oberndorffer. »Er schaut heut so aus, als ob ihm das Christkind eine Freude bereitet hätte.«

»Tübingen ist seine große Liebe«, meinte Oberndorffer. »Aber vergiß mir die Barbara nicht«, mahnte er scherzend. »Wenn ich dem Müller erzähle, daß von dir ein Buch gedruckt wird, ist dir seine Einwilligung sicher.«

Johannes hatte richtig Heimweh. Er spürte es um so stärker, je näher er Württemberg kam. Die Sprache, die Landschaft, die Städte, die Mutter und Geschwister, Hafenreffer und Mästlin.

Eine stille Hoffnung nährte er in seiner Seele. Vielleicht würde ihn der Senat jetzt an die Universität berufen? Schließlich bewies er mit seinem Buch, daß er die copernicanische Astronomie zu Recht verteidigt hatte.

Dem Herzog, der Kunstwerke liebte, wollte er sich durch sein astronomisches Modell empfehlen. Ein Goldschmied sollte es in Silber oder Gold arbeiten. Der Herzog lobte den Vorschlag. »Ich möchte das Modell in Gestalt eines Bechers haben«, sagte er.

»In Gestalt eines Bechers?« Der Goldschmied schüttelte den Kopf. »Das geht nicht, das ist viel zu kompliziert.«

»Herzog Friedrich wünscht es so«, antwortete Johannes. »Versuch es bitte. Ich stehe dir jeden Tag zur Verfügung.« Er reichte dem Goldschmied die Zeichnung, die dieser auf einen Nagel steckte.

Zwei Monate waren eine zu kurze Zeit. Mästlin wollte einige Stellen im Manuskript geändert haben. Mehrmals mußte Johannes nach Stuttgart reiten. An Graz und an die Stiftsschule, an Oberndorffer und an Barbara dachte er nur selten. Er war noch immer mit dem Abbild des Kosmos in Gestalt eines Bechers beschäftigt und mit dem Druck seines Buches in Tübingen.

Allmählich wurde er unruhig. Den Urlaub hatte er bereits um fast drei Monate überschritten. Sein Geldbeutel schrumpfte, und seine Hoffnungen schwanden. Der Senat hielt sich zurück.

Hafenreffer drängte ihn zur Anerkennung der Konkordienformel. Mästlin erklärte: »Dein Mysterium Cosmographicum wird wohl gelobt, aber es ist kein zwingender Beweis für Copernicus. Fahr zurück und heirate Barbara, ich werde mich um den Druck deines Buches kümmern.«

In Graz war Rektor Papius von der medizinischen Fakultät nach Tübingen berufen worden und schon abgereist. Der neue Rektor Regius empfing Johannes mit Vorwürfen und zeigte wenig Verständnis für seine astronomischen Arbeiten. Jobst Müller war über die lange Abwesenheit erbost und hatte seine Zustimmung wieder zurückgezogen.

»Die Leute lachen über mich und meine Tochter. Als wenn er sie hätt' sitzenlassen«, sagte er zu Oberndorffer. »Muß ich mir das von einem hergelaufenen Schulmeister bieten lassen? Ich habe einen besseren Freier, einen mit Geld und Besitz.«

»Wieso brauchst du Geld, Jobst Müller? Einen ruhmvollen Namen braucht dein Haus. Professor Galilei aus Padua und der größte aller Sternforscher Tycho de Brahe, dänischer Edelmann und Freund des Kaisers, korrespondieren mit Kepler.«

»Nein!« schrie der Müller und schlug die Faust auf den Tisch. »Kein Geld, aber mich warten lassen!«

»Wie werden die Leute erst lachen, wenn Johannes Kepler dir die kalte Schulter zeigt. Der kann noch eine viel bessere Partie machen. Nötig hat er's überhaupt nicht.« Oberndorffer tupfte sich den Schweiß von der Stirn.

Der Müller brummelte vor sich hin. »Geld hat er keins. Die zweihundertfünfzig Bücher von seinem Somograppium ...«

»Cosmographicum«, berichtigte ihn Oberndorffer und erhob sich.

»... hat er selbst bezahlen müssen«, fuhr der Müller gereizt fort. »Die Reise hat ihn einen Haufen Geld gekostet«, rechnete er weiter. »Da ist nix mehr drin in die Taschen des Schulmeisters.«

»In *den* Taschen«, berichtigte ihn Oberndorffer kühl. »Brauchst sie ja nicht zu füllen, Jobst Müller. Die Barbara mag ihn, aber so einen Schwiegervater wie dich möcht' ich dem Kepler gar nicht mehr zumuten.« Er ging zur Tür, da rief der Müller:

»Herrgottsakrament. Wenn er die Hochzeit bezahlen kann, soll er sie haben, die Barbara. Aber standesgemäß mit allem Drum und Dran, Essen, Trinken und Musikanten.«

»Noch einen Wunsch?« seufzte Oberndorffer.

»Ja«, knurrte der Müller. »Ich habe wieder einen Furunkel.«

Die Hochzeit verschlang Johannes' letzte Ersparnisse.

»Mach dir nichts draus«, sagte Barbara, »von meinen Ländereien kommen bald die Pachtzinsen.«

Sie legte ihre Arme um seinen Hals und küßte ihn.

8

Das war doch ein anderes Leben mit Frau und Tochter. Wenn Johannes von der Schule kam, erwarteten ihn Barbara und Regina. Gemeinsames Essen – Barbara liebte feine Speisen –, ein Plauderstündchen über die Nachbarn oder den letzten Gemeindeabend, ein Spielchen, das breite kuschelige Bett. Gäste, Besucher, der gemeinsame Gang in die Kirche. Ausflüge in das Bergland zur Platte, zum Rainerkogel oder zum Buchkogel, den Blick auf den Schöckel, den Zauberberg, der das Wetter machen sollte, oder ins Tal entlang der Mur.

Ein schönes Land. Hier wollte Johannes bleiben. Er mochte die Steirer, sie hatten ihm eine neue Heimat geschenkt, und er wollte ihr mit ganzer Hingabe dienen. Württemberg würde er nicht vergessen; eines Tages wollte er Barbara und Regina seine alte Heimat zeigen: Weil der Stadt, Leonberg, Ellmendingen, Adelberg, Maulbronn, Stuttgart und Tübingen. Seine Mutter sollten sie kennenlernen und Mästlin und Hafenreffer, vielleicht sogar den Herzog.

»Vor der langen Reise habe ich Angst«, sagte Barbara, »aber auf deine Mutter freue ich mich.« Sie sah ihn glücklich an. Er war der richtige Mann für sie, jung und temperamentvoll. Auch Regina hatte ihn gleich in ihr Herz geschlossen. Nur im Haushalten war er zu streng. Jede Einnahme und jede Ausgabe mußte er berechnen, als wäre er in der Schule. »Bist halt gar zu genau«, mußte sie ihm manchmal vorhalten. »Wir sind doch nicht arm, wir können uns mehr als Bohnen leisten.«

Arm waren sie wirklich nicht, aber auch nicht reich. Johannes wollte den Besitz nicht angreifen, sondern vermehren. Er war nicht gierig nach Geld und Schätzen, doch nie würde er vergessen, wie schnell sein Vater das Vermögen verloren hatte. Auch gegen unvorhergesehene Fälle wollte er gewappnet sein. Er fürchtete die Armut mehr als jede Gefahr; wer darbte war nicht besser dran als ein Sklave.

Gefahren lauerten überall. Rektor Regius stand ihm feindlich gegenüber. Er warf ihm vor, sich zu viel mit anderen Dingen zu beschäftigen. Als ob ihn seine Freizeit etwas anginge. Über diejenigen, die ihre Zeit mit Spielen und anderen Geselligkeiten verbrachten, regte er sich mit keinem Wort auf.

Regius neidete ihm auch den Erfolg seines Buches. »Du machst dich damit sogar bei den Jesuiten Liebkind«, sagte er abfällig. »Warum verkehrst du überhaupt mit diesen Antichristen? Wir erwarten von unseren Professoren, daß sie sich entschieden von den Papisten abgrenzen.« Er blickte ihn finster an.

»Ich bin gerecht gegen die Anhänger des Papstes und alle Christen und rate es jedem«, antwortete Johannes entschieden.

»Das klingt ja wie eine Drohung«, empörte sich Regius. »Wir sprechen uns noch vor dem Kirchenvorstand.« Regius verließ den Raum und schlug die Tür hinter sich zu.

Die Pastoren und Professoren des Kirchenvorstandes hörten Regius und Johannes an. Johannes sah nachdenkliche und mißmutige Gesichter.

»So ist es denn wahr«, sagte der junge Pastor Daniel Hitzler, »daß du deinen Glaubensbrüdern in den Rücken fällst.« Seine großen Augen glänzten vorwurfsvoll.

»Ganz im Gegenteil«, widersprach Johannes ruhig. »Ich spreche für euch und für mich. Denn ich warne euch, gegen die Päpstlichen zu hetzen, sie zu verspotten und zu beschimpfen, wie du Daniel Hitzler. Die bösen Worte von den Kanzeln sind schon in den Gassen zu hören. Die Päpstlichen und die Evangelischen, die vor einigen Monaten noch friedlich nebeneinander lebten und miteinander sprachen, sehen nun jeder im andern den Teufel, obgleich sich alle zu Jesus Christus bekennen und zum gleichen Gott beten.«

»Aber doch wohl auf andere Weise, nicht wahr?« wandte sich Hitzler an die Mitglieder des Kirchenvorstands. »Wir werden uns nie mit den papistischen Antichristen auf eine Stufe stellen. Kepler spricht wie ein Überläufer; er handelt auch so, er korrespondiert sogar mit dem katholischen Kanzler von Bayern.«

»Auch mit unseren Brüdern in Württemberg«, sagte Pastor Zimmermann betont langsam. »Deine Worte, Daniel Hitzler, machen mich besorgt. Müssen wir nun schon gegeneinander reden und uns untereinander verdächtigen?« Er blickte von einem zum andern und fuhr fort: »Wenn einer eine Gefahr heraufkommen sieht und schweigt, macht er sich schuldig. Johannes Kepler spricht, und ich muß ihm beipflichten. Dem neuen päpstlichen Stadtpfarrer Sonnabenter kommen die unüberlegten Ausfälle gelegen.«

»Hetzen die Papisten etwa nicht gegen uns?« ereiferte sich Hitzler.

»Unser Bruder Daniel ist noch sehr jung«, entgegnete Pastor Zimmermann. »Wir leben nicht wie in Württemberg unter einem evangelischen Landesherrn, sondern unter einem katholischen, der von den Jesuiten in Ingolstadt erzogen wurde und von dem man sagt, daß er kein Freund Andersgläubiger ist.«

»Die Stände stehen auf unserer Seite«, sagte Regius. »Gegen sie ist der Landesherr machtlos.«

Zimmermann erhob sich müde und sagte: »Nach den Bestimmungen des Augsburger Religionsfriedens kann der Landesherr die Konfession seiner Untertanen bestimmen. Noch sind wir geduldet, aber wie lange? Dieser Streit macht mich krank.«

Johannes war darüber betroffen, daß einige die Gefahr nicht sahen. Der neue Erzherzog wollte die gesamte Steiermark wieder zur katholischen Kirche zurückführen. Die Landstände würden schon aus Angst vor einem Bürgerkrieg nicht gegen den Landesherrn aufstehn.

»Sie haben taube Ohren«, sagte Zimmermann traurig, während sie die Stiftsschule verließen. »Ihre Blindheit kann der ganzen Gemeinde zum Verhängnis werden.«

Die Straßen lagen in der Mittagsglut der Julisonne. Pastor Zimmermann bekam schwer Luft. Unter einem Baum blieb er stehen. »Sie werden uns in Stuttgart anschwärzen«, sagte er stockend. »Ich werde nicht mehr lange leben. Bleib du standhaft! Die Orthodoxen schaden unserer Kirche mehr als die Päpstlichen.«

Johannes hatte Pastor Zimmermann nach Hause begleitet. Auf dem Rückweg überholte ihn ein Wagen. Der Kutscher zügelte die Pferde und rief: »Grüß Gott, kennt ihr die Stempfergasse? Da soll ein Professor Knepler wohnen.«

»Ihr meint wohl Kepler? Das bin ich.«

»Ja, den mein' ich. Das nenne ich Glück. Wollt ihr aufsteigen? Hier ist noch Platz.«

»Ist nicht mehr weit«, sagte Johannes und beschleunigte die Schritte. »Dort um die Ecke, das zweite Haus.«

Der Kutscher sprang vom Bock. »Sechs Fässer voll Bücher bring' ich Euch. Sie kommen aus Tübingen. Hier ist ein Brief vom Herrn Professor Mästlin.«

Barbara erschien in der Haustür und schlug die Hände zusammen. »Mein Gott«, stöhnte sie, »wo willst du die vielen Bücher hinstellen?« Ihre Blicke flogen fassungslos von ihrem Mann zu den Fässern.

»Nur keine Sorge, Bärbel«, beruhigte sie Johannes, »da, schau her, das Mysterium Cosmographicum.«

Auch Regina durfte ein Buch in die Hand nehmen. »Hast du das geschrieben?« fragte sie bewundernd.

Johannes zog sie an sich. »Wenn du erst größer bis, Regerle, wirst du es lesen können.« Johannes wandte sich an Barbara. »Die meisten Bücher werden wir verschicken. Dein Vater bekommt eins und Oberndorffer und der Rektor, Galilei in Italien und Tycho de Brahe in Dänemark. Auf deren Urteil lege ich den größten Wert.«

»Bist du nun ein berühmter Mann?« fragte Regina.

»Das ist nicht so wichtig, Regerle. Hauptsache, man hat Freude daran gehabt und Gott gelobt. Ein Vogel, der singt, fragt auch nicht nach dem Nutzen. Er singt, weil es ihm Spaß macht.«

Wie sollte das Leben weitergehn? Sehr kurz schien das Glück bemessen! Der einzelne konnte in einer feindlichen Umwelt nicht in Frieden leben.

Johannes war elend zumute. Vor Sonnenuntergang mußten alle zwanzig lutherischen Pastoren und Professoren die Stadt und in sieben Tagen das Herzogtum verlassen haben. Er wußte noch nicht, wie er es Barbara sagen sollte. Sie erwartete ein Kind und hatte immer noch Hoffnung, daß der Kelch der Vertreibung an ihnen vorübergehen würde.

Seit einigen Wochen hatten sie unter der Bedrohung gelebt. Erst hatte der Stadtpfarrer Sonnabenter den evangelischen Predigern die Ausübung der Religion untersagt. Sie durften keine Sakramente spenden, keine Ehen schließen. Dann hatte der Erzherzog den evangelischen Bürgersenat abgesetzt, die Bewachung der Tore seinen Söldnern übertragen und die Stiftsschule schließen lassen. Heute hatte er jedem die Todesstrafe angedroht, der sich der Ausweisung widersetzen sollte.

Barbara schluchzte und setzte sich erschöpft auf einen Stuhl. »Was wird mit uns Frauen?« jammerte sie.

Johannes wußte keinen Trost. Er packte seine Sachen und riß sich von seiner Frau und Regina los. Er lief zum Marktplatz und stieg auf einen Planwagen. Die Sonne stand schon tief, als sie das Stadttor passierten und der Mur stromabwärts folgten.

»Uns einfach aus der Stadt und dem Land zu jagen«, klagte Regius. »Als wenn wir Verbrecher wären.«

Johannes dachte an den alten Pastor Zimmermann, der die Aufregungen der letzten Wochen nicht überlebt hatte. Er sorgte sich um Barbara und Regina, die jetzt in eine päpstliche Schule gehen mußte.

Nachts schliefen sie in den Wagen. Der Oktober begann mit heißen, trockenen Tagen. Kurz vor der ungarischen Grenze schlug das Wetter um. Die Sonne verschwand hinter einer blaugrauen Gewitterwand. Bald zuckten grelle Blitze über den Himmel. Der Donner grollte mit vielfachem Echo durch das Tal. Regen stürzte vom Himmel. Die Wagenräder versanken immer tiefer im Schlam..

Endlich erreichten sie ein Gasthaus. Der Wirt erfüllte schweigend ihre Wünsche und bewirtete sie gut. Er schickte sein Gesinde und seine Kinder zum Schlafen in die Scheune und überließ den Flüchtlingen die Zimmer.

Johannes legte sich in die Gaststube auf eine Bank. Er hörte Daniel Hitzler flüstern: »Der Wirt ist papistisch, aber er scheint nicht zu wissen, wer wir sind.«

»Vielleicht verstellt er sich nur. Wir müssen unsere Wagen bewachen«, antwortete Regius. »Übernehmen wir die erste Wache.«

So ein Unsinn, wollte Johannes sagen, doch er schlief darüber ein. Um Mitternacht wachte er auf. Ihm war kalt. Er ging zu seinem Wagen, um noch eine Decke zu holen. Als er die Plane zur Seite schob, wurde er von hinten gepackt und auf den Boden gezerrt.

»Das haben wir uns doch gedacht«, hörte Johannes die Stimme Hitzlers.

»Was?« fragte Johannes wütend. Ihm fiel das Geflüster ein, und er begann zu lachen.

»Sei doch still«, beruhigte ihn Regius.

»Ihr könnt wohl keinem Menschen trauen«, antwortete Johannes. »Geht lieber schlafen.« Er nahm die Decke und legte sich auf die Bank.

Nach dem Frühstück sagte Regius zum Wirt: »Nenn deinen Preis, du hast uns gut versorgt.«

Der Wirt betrachtete ihn prüfend: »Von Flüchtlingen nehme ich nix.«

»Wir haben nicht nötig, uns etwas schenken zu lassen«, ereiferte sich Hitzler. »Schließlich bekommen wir unser Gehalt weiter und Reisespesen dazu.«

»Ihr werdet's schon noch brauchen können«, entgegnete der Wirt. »Gute Reise.«

Die Tage und Wochen vergingen. Die Ausgewiesenen lebten verstreut auf ungarischen Dörfern nahe der Grenze. Sie hofften auf die Hilfe der Stände. Einige baten die evangelische Gemeinde in Linz um Unterstützung. Johannes war voller Ungeduld und Zweifel. Eines Abends hielten drei Reiter vor dem Bauernhof und fragten nach dem Landschaftsmathematiker. »Wir bringen ein Schreiben unseres Erzherzogs Ferdinand.«

Johannes brach das Siegel auf und las: »Ihre Durchlaucht wollen Johannes Kepler durch besondere Gnade ungeachtet der Ausweisung den weiteren Aufenthalt allhier in seinen Landen erlauben. Doch soll er sich bescheiden halten, damit Ihre Durchlaucht die Gnade nicht wieder aufheben muß.«

Gnade. Barbara, Regina. Und die anderen Vertriebenen?

Hitzler schimpfte gleich los. »Kein Wunder, ausgerechnet Kepler. Weil er sich bei den Papisten eingeschmeichelt hat.«

»Das tut jetzt nichts zur Sache«, entgegnete Regius. »Kepler soll reisen. Er kann mit den Ständen reden, und er kann Post von uns mitnehmen.«

Sollte er sich freuen? Er dachte nur noch an das Wiedersehen und ritt vom Morgengrauen bis in die Nacht. Endlich sah er die Türme von Graz. Bedrückend mächtig erschien ihm der Schloßberg. Durch die Gassen fauchte der Novemberwind. Er sprang vom Pferd und öffnete die Tür. Barbara und Regina hatten ihn schon erwartet und schlossen ihn in die Arme.

»Der Erzherzog hat uns durch einen Boten Nachricht geschickt. Aber sonst ist es ganz schlimm hier geworden«, sagte Barbara. »Wer von uns ein Kind taufen läßt oder evangelische Predigten besucht oder das Abendmahl empfängt oder einem Sterbenden Trost spendet, was alles nur in Wohnungen geschehen kann, begeht ein Majestätsverbrechen. Wir dürfen keine Choräle singen, die Lutherbibel nicht lesen. Einige liegen schon im Turm. Alle Evangelischen haben Angst, daß sie vertrieben werden, wenn sie nicht katholisch werden wollen.«

Eine Morgens kam Regina vom Bäcker zurück und zeigte den leeren Korb. »Die Bäckersfrau gibt mir keine Wecken«, schluchzte sie, »weil wir Ketzer sind.«

Johannes nahm den Korb und überquerte die Gasse.

»Warum gebt Ihr unserm Regerle keine Wecken?« fragte er.

Die Bäckersfrau betrachtete ihn hämisch. »Hat die Regina es Euch nicht ausgerichtet?« fragte sie spitz und legte die Hände über die Brust. »Euch Ketzern wird's der Erzherzog schon geben«, fuhr sie gehässig fort, drehte sich zur Backstube und rief: »Seppl, hier ist ein Kerl, der will was von mir.«

»Ein Mehlbeutel kann nicht dämlicher sein als Ihr!« schimpfte Johannes und schlug die Tür hinter sich zu. Er lief zum nächsten Bäcker, der ihm die Wecken in den Korb warf und sagte: »Jetzt kommt Ihr zu mir. Drei Jahre habt ihr neben mir in der Kirche gesessen, aber den Katholischen das Geld in den Hintern gesteckt.«

»Der Bäcker Jodelmaier lag halt näher für uns«, beruhigte ihn Kepler. »Morgen ist übrigens eine Sonnenfinsternis, sie beginnt um ein Uhr.«

Johannes hatte den Zeitpunkt selbst berechnet. Viele Leute versammelten sich auf dem Marktplatz. »Wie lange dauert es noch?« frage ein Schreiner. »Schaut auf die Turmuhr. In zehn Minuten.« Beifälliges Gemurmel erscholl. Für einige Minuten schien der Religionsstreit vergessen. Einer fragte: »Und was bedeutet dieses Zeichen des Himmels?«

»Eine Mahnung zum Frieden«, sagte Kepler. »Aufgepaßt. Jetzt tritt der Mond zwischen Sonne und Erde.«

Es wurde dämmrig. Johannes blickte durch ein dunkelgefärbtes Glas und sah den Mond sich über die grelle Sonnenkugel schieben. Im Kernschatten lag Graz nicht, sonst wäre die Sonne ganz verdeckt.

Rufe und Gebete ertönten. Als die Sonne wieder heller wurde, atmeten die Leute auf und bekreuzigten sich.

Als Johannes seine Sachen zusammenpackte, vermißte er seinen Geldbeutel. Ihm wurde heiß. Dreißig Gulden waren viel Geld. »Die Finsternis der Sonne ist vorbei«, sagte er zu Barbara, »dafür ist Finsternis in meine Taschen eingekehrt.«

Johannes wollte sich nichts vormachen; er hatte nur eine Gnadenfrist bekommen. Der bayerische Kanzler von Hohenburg suchte ihn für die Papstkirche zu gewinnen. Dann wäre er alle Sorgen los. Aber Johannes fühlte sich der evangelischen Kirche verbunden und wollte nicht heucheln und mit seiner Überzeugung spielen. Außerdem befürchtete er die Beschneidung seiner Freiheiten. Der von den Dominikanern aus ihrem Orden ausgeschlossene Mönch Giordano Bruno hatte das copernicanische Weltbild verteidigt und war nun Gefangener der Inquisition.

Auch Galileis Brief stimmte Johannes bedenklich. Galilei hatte ihm für sein Buch gedankt und geschrieben: »Es ist beschämend, daß es nur so wenige gibt, die nach der Wahrheit suchen, und so viele, die einer falschen Philosophie folgen. Ich würde gewiß wagen, der Öffentlichkeit meine Überlegungen vorzutragen, gäbe es mehr Menschen von Eurer Art. Das Schicksal von Copernicus selbst schreckt mich ab. Er wurde von unendlich vielen Toren verlacht und ausgepfiffen.«

Johannes hatte ihm geantwortet: »Wenn Italien für Eure Veröffentlichung weniger geeignet ist, und wenn Ihr dort Schwierigkeiten zu erwarten habt, bietet Euch Deutschland mehr Freiheit.«

Aber Galilei hatte nicht wieder geschrieben. Mußte er auf der Hut sein? Konnte er nicht wagen, offen für Copernicus einzutreten? – Auch in der Steiermark war die Freiheit des Menschen bedroht, sein heiligstes Gut!

Erzherzog Ferdinand hatte bestimmt, daß binnen sechs Wochen alle, die evangelisch bleiben wollten, das Land verlassen mußten.

Wohin sollte er sich wenden?

Regina ging traurig durch die ausgeräumte Wohnung. Kein Tisch, kein Stuhl, kein Bett mehr, alle Wände kahl. Nur die Katze strich schnurrend um ihre Beine.

Regina hob das Tier auf den Arm und sah auf den Hof. Unter dem Birnbaum hatte sie Murmeln gespielt, auf der Bank neben Matthias gesessen und mit ihm gerätselt, welches Haus wohl das größte in Graz sei. Wo er nur blieb? Sie konnte doch nichts dafür, daß seine Eltern katholisch waren und hierbleiben durften.

»Regli!« Die Mutter rief. Ihre Stimme klang bitter. Die Mutter war unglücklich, daß sie aus der Heimat vertrieben wurden, bloß weil sie auf andere Art zum Heiland beteten.

»Ich komm schon!« Regina lief in die Diele, wo die Mutter wie verloren umherging.

»Aber das Katzerl mußt hierlassen, gelt Regli.« Die Mutter wischte sich über die rotgeweinten Augen.

»Bring's nicht übers Herz.« Regina streichelte das schwarze Fell.

Johannes trat aus dem Haus. »Laß ihr die Freude, Bärbele. In Linz und Prag gibt's auch Mäuse.«

»Daß du noch Spaß machen kannst, Hannes.« Barbara schneuzte die Nase und verzog den Mund zu einem Lächeln.

Matthias drückte sich an der Hauswand entlang und betrachtete bedrückt die beiden Planwagen vor dem Keplerhaus. Er entdeckte Regina, kletterte auf den Wagen und stupste sie an.

»Ja, hast du mich erschreckt.« Ein zartes Rot erschien auf Reginas Wangen.

»Für die Reise«, sagte Matthias und gab ihr ein Päckchen.

Der Wagen fuhr an und schaukelte sanft durch die Stempfergasse. Regina und Matthias sahen sich an. Sie spürten ein heftiges Verlagen, sich in die Arme zu nehmen. Matthias legte seine Hand auf Reginas Haar, berührte ihren Mund mit den Lippen und sprang mit einem Satz vom Wagen.

Regina hielt das Päckchen umkrampft. Sie spürte ein Brennen auf den Lippen und in der Brust. Erst als der Planwagen den Flüchtlingstreck vor dem Stadttor erreichte, verstaute sie das Päckchen in einer Truhe.

Die Torwächter verfolgten die Planwagen mit ausdruckslosen Blicken. Dunst lag über der Flußniederung. Wärmeverheißend stieg die Sonne über dem Schöckel empor.

Jobst Müller war unter den Verwandten und Freunden, die sich von den Ausgebürgerten verabschiedeten. Er drängte seinen Apfelschimmel an den Wagen heran und küßte seine Tochter und seine Enkelin väterlich auf die Wangen.

»Gute Fahrt, Johannes, und nichts für ungut.« Seine rotgeäderten Wangen bebten. »Bin zu alt zum Weggehen. Aber im Himmel, da werde ich wieder evangelisch.«

Er gab dem Pferd die Sporen und ritt zu Oberndorffer. »Hast einen schönen Batzen an meinen Furunkeln verdient«, sagte er mit einem Blick auf dessen Frau. »Daran sterb' ich nun nicht mehr. Aber einen so guten Kunden wirst du in Linz mit der Laterne suchen müssen.« Er grinste in einer Mischung von Spott und Trauer.

»Und du einen so guten Brautwerber, Jobst Müller.«

»Hü, ho!« Die Rufe hallten von Wagen zu Wagen. Die Pferde schnaubten, stemmten sich in die Riemen und zogen an. Die taufeuchte Erde trocknete schnell, eine dichte Staubwolke hüllte den Treck ein.

9

Unter Mittag brannte die Sonne, in der Nacht wehte kalte Luft von den Bergen, auf deren Gipfeln bereits Schnee lag. Johannes schwitzte und fror. Brustschmerzen und Husten quälten ihn. Er fühlte sich matt und war froh, als sie endlich Linz erreichten.

Die evangelische Gemeinde sorgte sich um ihn und die andern. Bei einem Professor der Linzer Stiftsschule fand er mit seiner Familie freundliche Aufnahme.

Johannes hatte nach Tübingen geschrieben und um eine Anstellung an der Universität gebeten. Jetzt, in großer Not, würde man ihm helfen. War er doch vor sechs Jahren dem Wunsch des Senats ohne Murren gefolgt.

Nach Wochen ungeduldigen Wartens kam der langersehnte Brief von Mästlin. »Ich bete für dich und die Deinigen«, las Johannes, »doch ich kann dir keine Hoffnung auf eine Anstellung an unserer Hochschule machen. Es sind die alten Gründe, wie du dir denken kannst ...«

Die alten Gründe. – Hatte er nicht für den evangelischen Glauben gezeugt? Groß ist die Macht der Wahrheit, hatte er Galilei geschrieben und ihm Mut gemacht. Nun ließen ihn die eigenen Glaubensbrüder im Stich.

Johannes war verbittert. Wie sollte er für seine Familie sorgen? Barbara haderte. »Haben sie vergessen, daß wir Haus und Heimat aufgegeben haben?«

Es blieb nur noch eine Hoffnung: Tycho de Brahe. – Würde er überhaupt antworten?

Johannes war vor einem halben Jahr Gast auf Schloß Benatek gewesen, das einige Meilen nördlich von Prag lag.

Tycho de Brahe hatte zwei Jahre zuvor seine Heimat verlassen, die Insel Hven im Sund, unweit von Kopenhagen, die ihm der alte Dänenkönig Friedrich II. geschenkt hatte. Tycho hatte dort die beste Sternwarte seit Menschengedenken errichtet: sein Uraniaborg und Sterneborg. Tief in die Erde hatte er die Gebäude einbauen lassen, damit die Instrumente vor Wind und Vibration geschützt waren. Alles war in bester Ausführung gewesen, eine große Bibliothek, Arbeits- und Wohnräume, in den meisten Räumen fließendes Wasser, Dächer, die mit wenigen Handgriffen zu verschieben waren, kostbare astronomische Geräte.

Tycho hatte einen großen Schatz zuverlässiger Beobachtungen über den Lauf der Sterne gesammelt. Könige und Fürsten hatten ihn besucht und bewundert, und man nannte ihn den König unter den Astronomen.

Doch nach dem Tode Friedrichs II. hatte dessen Nachfolger, Christian IV. von Dänemark, dem Drängen neidischer Hofleute nachgegeben, Tycho wegen selbstherrlichen Gebarens gerügt und seine Mittel eingeschränkt.

Die Gunst der Mächtigen war trügerisch. »In Tausenden von Nächten habe ich aus den Eingeweiden der Erde heraus den Weg der Sterne verfolgt, aber ein Astronom kann von unwissenden Staatsmännern keine Würdigung seiner Verdienste erwarten«, hatte Tycho zu Johannes gesagt.

Tycho hatte alle Geräte so konstruiert, daß er sie zerlegen und verpacken konnte. Mit zwanzig Personen und vielen Wagen, auf die er alle Geräte, Möbel und Bücher hatte verladen lassen, war er über Kopenhagen nach Rostock und Hamburg, von dort nach Dresden und Wittenberg und schließlich zum Kaiser Rudolf II. nach Prag gezogen.

Der Kaiser der war Astrologie ergeben und sah in Tycho den Mann, der ihm aus den Sternen sein Schicksal prophezeien konnte. Er hatte ihm das Schloß Benatek zur Verfügung gestellt und ihm ein Gehalt von dreitausend Gulden jährlich gewährt.

Johannes war mit großen Erwartungen nach Benatek gereist. Mit Tychos Beobachtungsdaten würde er die Richtigkeit des copernicanischen Weltbildes beweisen können.

Tycho empfing ihn sehr herzlich. »Ich habe Euer ›Mysterium Cosmographicum‹ gelesen und bewundere die Kühnheit Eurer Ideen«, sagte er. »Gemeinsam werden wir etwas Großes schaffen.«

De Brahe hatte ein eigenes Weltbild aufgestellt: umkreist von allen Planeten sollte die Sonne um die unbeweglich in der Mitte des Weltalls stehende Erde laufen. In Johannes Kepler hoffte Tycho den Konstrukteur zu finden, der aus den vielen Einzelheiten das Gebäude entwarf.

»Verehrter Tycho«, sagte Johannes zögernd, »ein solches Weltbild wäre komplizierter als das ptolemäische. Gebt mit Eure wunderbaren Beobachtungsdaten, und wir werden sehen ...«

»Niemals!« rief Tycho empört. »Ihr glaubt an Copernicus, aber sein Weltbild ist falsch, dafür gebe ich meine Beobachtungen nicht her.«

»Wir wollen nicht streiten«, sagte Johannes ruhig. »Laßt uns die Berechnungen anstellen, sie werden Euch überzeugen.«

Die Berechnungen. Sie waren die Angel, mit der er Tycho zu fesseln hoffte. Tycho hatte die größten Schätze, aber er konnte damit nichts anfangen, ebensowenig wie seine Mitarbeiter Longomontanus oder Tengnagel oder sein Sohn Jörn Brahe.

Doch Tycho hatte nicht mit sich reden lassen, und Johannes hatte Benatek unverrichteter Dinge verlassen. –

Johannes glaubte kaum, daß Tycho ihm verzeihen und gleichzeitig noch die Bedingungen annehmen würde, unter denen er sich zur Mitarbeit bereit erklärt hatte: eine begrenzte Arbeitszeit, eine abgetrennte Wohnung, ein Gehalt von dreihundert Gulden, freie Lieferung von Holz und Wein. Er war wohl zu weit gegangen, Tycho würde ihm nicht einmal antworten.

Aber der Brief kam. Johannes öffnete ihn zögernd. »Lieber Freund, ich möchte, daß Ihr herkommt, nicht unter dem Zwang eines widrigen Geschicks, sondern vielmehr aus eigenem Antrieb und dem Wunsch nach gemeinsamen Studien. Doch was immer Eure Gründe sein mögen, Ihr werdet in mir stets Euren Freund finden, der Euch Rat und Hilfe im Unglück nicht versagen und Euch aufs beste zu helfen bereit sein wird. Wenn ihr bald kommt, werden wir vielleicht Mittel und Wege finden, um für Euch und die Eurigen in Zukunft besser zu sorgen, als es bisher geschah. Auf Wunsch unseres Kaisers Rudolph II. werden wir Benatek verlassen und uns in Prag einrichten. Kaiser Rudolph II. hat uns das Schloß Belvedere gnädigst zur Verfügung gestellt. Ihr werdet uns bereits dort vorfinden, denn wir sind schon im Aufbruch. Euer sehr verbundener Tycho de Brahe.«

Johannes las den Brief ein zweites und ein drittes Mal, dann rief er Barbara und sagte: »Tycho de Brahe beschämt und erhebt mich durch seinen Edelmut. Gott gibt uns einen Fingerzeig. Er will, daß ich mit den Beobachtungen Tychos den Bau des Weltalls vollende. Wir reisen nach Prag.«

Barbara war so durcheinander, daß sie sich fast mehr fürchtete als freute. Regina indes konnte die Zeit kaum abwarten.

Endlich erreichten sie die Hauptstadt des Königreichs Böhmen, die auch Sitz des deutschen Kaisers Rudolph II. war. Er residierte im Hradschin, dem gewaltigen Burgberg hoch über der Moldau mit den vielen Palästen und dem St. Veitsdom. Hier auf der Kleinseite von Prag lag auch das Schloß Belvedere, in dem Tycho de Brahe sein Observatorium aufbaute.

Auf der anderen Seite der Moldau, gleich hinter der Karlsbrücke, mietete Johannes ein Haus. Von hier war es nicht weit zum Schloß Belvedere und zum Markt, wo sich die Teinkirche erhob und das Rathaus lag mit der großen astronomischen Uhr, die Regina ebenso bewunderte wie das Spiel der Glocken und die Wanderung der Apostelfiguren.

Barbara lebte sich nur schwer ein, obgleich die Familien des Freiherrn von Hoffmann und des Hofrats von Wackhenfels ihnen zur Seite standen. Die Preise waren ungewohnt hoch, die vielen Menschen und die unterschiedlichen Sprachen verwirrten sie. Oft litt sie an Heimweh.

De Brahe bewirkte für Johannes eine Audienz beim Kaiser, und Johannes merkte, daß ihm dieser gewogen war. »Ich habe von Eurem ›Mysterium Cosmographicum‹ gehört. Ihr sollt Tycho de Brahe helfen, genaue Sterntafeln aufzustellen. Wir brauchen sie, um besser in die Zukunft sehen zu können. Es soll nicht Euer Schade sein, wenn ich mich auf Euch verlassen kann.«

Mit zwiespältigen Gefühlen verließ Johannes die Burg. Aber die Freude überwog die Bedenken, sich zu fest gebunden zu haben. Die Forsythien blühten, zartgrüne Blätter schimmerten im Licht. Johannes fühlte sich von den Sonnenstrahlen wie von guten Wünschen umschmeichelt. Prag würde ihm Glück bringen.

Tycho erschien Johannes manchmal wie verloren. Stundenlang konnte er hinter einem Gerät sitzen, ohne etwas zu sagen. Er beobachtete die Planeten nur noch selten. Seine Gedanken waren bei seiner Insel. »Ich höre die Brandung rauschen«, sagte er manchmal, »Ihr dürft mich nicht stören.«

Das Leben am Hofe behinderte Tycho. Er war gewohnt gewesen, nach eigenem Willen zu handeln, aber hier traf er auf selbstbewußte Kaiserliche Räte, die sich ihm oft widersetzten. Der Kaiser war nicht mächtig genug, um ihn immer zu unterstützen. Tycho fühlte sich oft gedemütigt und war unzufrieden mit seinem Schicksal.

In Gelagen suchte er Geselligkeit und Vergessen. Johannes konnte sich ihnen nicht immer entziehen. »Ihr raubt mir die Zeit, edler Tycho. Sauft mit wem und so viel Ihr wollt, aber ich brauche einen klaren Kopf.«

De Brahe lachte dröhnend. »Ihr seid jung, Kepler. Ihr habt noch Zeit genug im Leben.« Er rieb seine Nase, deren Spitze bei einem Streit abgeschlagen und aus Silber nachgebildet worden war. »Eßt und trinkt und seid ein Mann.«

»Gebt mir lieber Eure Beobachtungen, daß ich endlich mit dem Mars zu Rande kommen kann. Er macht mich noch wahnsinnig.«

»Viele Beobachtungen habe ich Euch schon anvertraut, Kepler, mehr als jedem anderen. Aber solange ich mir nicht ganz sicher bin, ob Ihr sie für oder gegen mich verwendet, solange bleibt mein Lebenswerk unter meinem Verschluß.«

»Es geht doch nicht um Euer und Unser«, empörte sich Johannes. »Ich muß die *wirklichen* Bahnen der Planeten finden, wenn wir die Sterntafeln aufstellen wollen.«

Tycho senkte den Kopf. Er war traurig, ohne den Grund sagen zu können. Er dachte an Longomontanus, der nach Dänemark zurückgekehrt war, und spürte ein Brennen in der Brust.

Nach einem Gastmahl erkrankte Tycho. Er konnte nur noch unter großen Schmerzen Wasser lassen. Schlaflosigkeit und innere Hitze schwächten ihn. Die Ärzte rieten zum Fasten, aber de Brahe lachte sie aus und genoß die Speisen und Getränke wie zum Trotz.

Johannes besuchte ihn jeden Tag. De Brahe bat ihn, sein Lebenswerk fortzuführen. »Ich möchte nicht umsonst gelebt haben«, sagte er. »Du wirst ein neues Weltbild schaffen; nach meinen Beobachtungen wird es dir gelingen.« Er atmete schwer. »Du sollst es mir nicht versprechen, Johannes, aber ich möchte, daß du mein Weltbild zugrunde legst.«

Unfaßbar war Johannes der Tod Tychos. Als wäre sein eigenes Schiff zerschellt. De Brahe war ihm trotz aller Gegensätzlichkeit ans Herz gewachsen. Ihm verdankte er die hohe Kunst der Sternbeobachtung.

Wie sollte das Leben ohne de Brahe weitergehen? Tengnagel bewarb sich um den freigewordenen Posten eines Kaiserlichen Mathematikers, aber allein war er unfähig. Wie würde der Kaiser entscheiden?

Eines Tages fuhr der Kaiserliche Rat von Barwitz bei Kepler vor. »Der Kaiser wünscht, daß Ihr de Brahes Werk weiterführt,« sagte er und überreichte Johannes die Ernennungsurkunde zum Kaiserlichen Mathematiker. »Nennt mir Eure Gehaltsforderung, Kepler. Tycho bekam dreitausend Gulden, aber im Vertrauen, er konnte immer nur einen Teil herauspressen. Vielleicht habt Ihr mit der Hälfte mehr Erfolg.«

Fünfhundert Gulden bewilligte der Kaiser. Johannes ärgerte sich, obgleich er bisher mit zweihundert hatte auskommen müssen. »Wollte Gott«, tröstete er sich und Barbara, »wir bekämen sie regelmäßig.«

»Wir brauchen sie auch«, antwortete sie, »ein bißchen standesgemäßer müssen wir nun schon leben.« Sie war froh gestimmt und strich über ihren Leib. »Wird es ein Bub oder ein Mädel?«

»Darüber verraten die Sterne nichts«, antwortete Johannes lächelnd. »Am Sonntag besuchen uns Hoffmann und Tengnagel. Es geht um die Beobachtungen Tychos.«

Hoffmann kam zuerst und beglückwünschte Johannes. »Tengnagel wird Hofrat, und du hast freie Hand.«

Tengnagel fuhr vierspännig vor. »Er glaubt, es Tycho gleichtun zu müssen«, spottete Hoffmann. »Aber reizen wir ihn nicht, er ist sehr empfindlich.«

Das Essen schmeckte und auch der Wein. »Wie wollt Ihr Euch einigen?« fragte Hoffmann. »Der Kaiser wünscht, daß Johannes Kepler die Sterntafeln bearbeitet.«

»Einverstanden«, antwortete Tengnagel. »Aber erst muß der Kaiser die Gehaltsrückstände zahlen. Bis dahin gehören die Beobachtungen den Erben.«

»Davon hat Tycho de Brahe nichts gesagt«, meinte Johannes.

»Ihr braucht Euer Geld auch«, sagte Tengnagel. »Wir bekämen es nie, wenn wir die Beobachtungen aus der Hand gäben.«

Am nächsten Tag sprach Johannes mit dem Kaiser, und der versprach, seine und Tengnagels Forderungen zu erfüllen.

Aber der Schatzmeister weigerte sich. »Die Truhen sind leer. Unser Kaiser ist sehr freigiebig.« Johannes erhielt nicht einmal sein Gehalt pünktlich und in voller Höhe. Es tröstete ihn wenig, daß der Kaiser sein Schuldner war. Die Preise waren gestiegen. Außer für Regina hatte er noch für die drei anderen Kinder zu sorgen, die Barbara und er im Laufe der Zeit bekommen hatten, für Friedrich, Susanne und Ludwig. Es blieb ihm nichts anderes übrig, er mußte nebenbei etwas verdienen und stellte Horoskope.

Die Leute glaubten, die Sterne bestimmten das Schicksal jedes Menschen, und die Reichen gaben viel Geld für ein Horoskop, in dem die Stellung der Sterne zur Stunde der Geburt berechnet und gedeutet wurde. Die Astrologie war die närrische Tochter der ehrsamen Mutter Astronomie. Leider liebten die meisten nur die Tochter. So mußte sie den Astronom ernähren helfen.

Johannes war immer beschäftigt. Er merkte nicht, daß Barbara sich oft vernachlässigt fühlte und die Kinder ihn vermißten.

»Du freust dich, daß du etwas Neues entdeckt hast«, sagte

Barbara verstimmt, »aber wen kümmert es schon, daß man die Sterne nicht genau dort sehen kann, wo sie wirklich stehen?« Sie blickte von ihrer Näharbeit auf. »Oder siehst du den Sonnenuntergang jetzt anders, seit du weißt, daß die Sonne etwas tiefer steht, als sie uns scheint?«

»Das verstehst du nicht, Bärbel«, antwortete Johannes belehrend, »wenn man die Stellung der Sterne berechnen will, muß man die atmosphärische Strahlenbrechung berücksichtigen.

»Wenn man eine Familie hat, muß man das auch ...«

»Hast ja recht!«rief Johannes. »Am Sonntag machen wir einen Ausflug.«

Die Kinder jubelten und kletterten auf den Wagen. Friedrich durfte neben Johannes sitzen und die Zügel anfassen.

»Hü! Ho!« Die Räder ratterten über das Kopfsteinpflaster. Sie rollten durch das mächtige Brückentor und über die Moldau, die so dunkelblau wie ein Streifen des Himmels aussah.

Am andern Ufer fuhren sie den Schloßberg hinauf, ließen den Hradschin und das Schloß Belvedere hinter sich und folgten einem Weg, der sich durch die Felder schlängelte.

Es duftete nach Heu, Kamille, Schafgarbe und reifendem Getreide. Wiesenschaumkraut säumte den Feldgraben, ein leichter Wind trug die Schirmchen der Pusteblumen durch die Luft.

Obgleich es noch früh am Tage war, schien die Sonne heiß. Der Weg führte an einem Bach entlang, dessen Wasser in dem gesprenkelten Licht kristallklar funkelte. Mächtige Buchen standen am Weg, hin und wieder eine Lärche oder eine Birke.

An einer mit saftigem Gras bestandenen Lichtung zügelte Johannes die Pferde. »Bleiben wir?« fragte er. »Ja!« rief Susanne und kletterte vom Wagen. Barbara breitete eine Decke aus und stellte einen Korb mit Brot, Tee und Gebratenem bereit.

Nach dem Essen packte Regina das Federballspiel aus und gab Johannes einen Schläger. Susanne pflückte Gänseblümchen und brachte sie der Mutter, die ihr zeigte, wie man einen Kranz daraus flocht. Friedrich und Ludwig warfen Stöcke ins Wasser und gaben ihnen Namen von Schiffen, die auf der Moldau fuhren.

»Woher kommt der Bach, Vater, und wohin fließt das viele Wasser?« fragte Ludwig.

»Wohin es fließt? – Na, wohin schon, in die Moldau, mein Junge. Doch woher es kommt? – Paß auf, das wollen wir suchen.«

Durch brusthohes Gras stapften sie den Bach entlang, der in vielen Windungen die Lichtung durchfloß. Es gab tiefe und seichte Stellen; mal sprudelte das Wasser über Steine, mal schien es unbeweglich wie in einem Teich.

An den tiefen Stellen standen Forellen. Man sah sie deutlich in dem klaren Wasser, besonders dort, wo die Sonne weiße, leicht bewegliche Flecke zeichnete. Johannes brach eine Gerte von einem Haselnußstrauch und schob sie ins Wasser bis unter den Bauch einer Forelle, die sich hin- und herschaukeln ließ.

»Der Stock sieht ja aus wie gebrochen«, flüsterte Ludwig.

»Hast gute Augen, mein Sohn«, lobte Johannes. »Das Licht wird im Wasser stärker gebrochen, weil das Wasser dichter ist als Luft. Aber merk dir, Ludwig, auch die Luft ist ein Körper, was viele nicht wahrhaben wollen.«

Plötzlich hörte der Bach auf. Unterhalb eines Hügels endete er in einem zubergroßen Teich. Wasserspinnen huschten darüber hin wie auf einer dünngespannten Haut. Silberhelle Sonnenflecken spielten auf dem dunklen Grund.

»Hier ist die Quelle«, sagte Johannes. »Das Wasser sammelt sich in der Erde und tritt dann heraus. Die Sonne hebt es in die Luft, es ist in den Wolken und fällt als Regen, Hagel oder Schnee auf die Erde zurück.«

»Dann wird es ja nie alle«, sagte Friedrich begeistert.

Die Sonnenstrahlen fielen schon schräg durch das Laub, als

Johannes mit den Jungen die Lichtung erreichte. »Ihr habt eine Ausdauer!« rief Barbara erleichtert. »Der Kuchen ist schon ganz trocken«.

Als es zu dämmern begann, spannte Johannes die Pferde an. Er fühlte sich leicht und froh und stimmte ein Lied an:

»Keine Zeit ist zu verlieren,
gibt es Wind und Meeresstille,
denn des Augenblickes Wille
jeglich Ding kann anders führen.«

10

Keine Zeit war zu verlieren! Johannes frohlockte, endlich hatte er die Beobachtungen Tycho de Brahes erhalten. Sie waren ihm wertvoller als Gold und Edelsteine. Mit ihnen würde er herausfinden, welchen Weg die Planeten am Himmel nahmen.

Vom Hradschin eilte er in das anmutige Schloß Belvedere. Zwischen den Bäumen schimmerte das geschwungene, mit Kupferplatten gedeckte Dach. Zarte Säulen trugen die breite Veranda, auf der er mit Tycho manche Nacht den Planeten Mars beobachtet hatte.

Die Aufzeichnungen Tycho de Brahes! Johannes war überwältigt von der Zahl und der Präzision der Beobachtungen. Ehrfurchtsvoll wendete er ein Blatt nach dem anderen. Wochen und Monate würde er brauchen, um diesen Schatz auszuwerten.

Wichtiges galt es dabei zu bedenken. Tycho hatte angenommen, daß die Erde stillstand. Er mußte also glauben, daß die von ihm beobachteten Sternörter den wahren Lauf der Planeten verrieten.

Da die Erde sich jedoch selbst auch bewegte, war alles, was man am Himmel sah, ein Trugbild, denn es ließ die Bewegung der Erde um sich selbst und um die Sonne außer acht.

Genaugenommen gaben Tychos Beobachtungsdaten also nur die zeitlichen Änderungen der Richtung Erde – Planet wieder.

Langes Sitzen war Johannes unerträglich. Immer wieder stand er auf und lief in der Loggia auf und ab. Hier wehte ein frisches Lüftchen, hier konnte er einen Blick in den Schloßgarten werfen und seine Gedanken sammeln.

Er begann mit der Berechnung der Marsbahn. Tycho de Brahe und auch er selbst hatten die Bewegung dieses Planeten besonders eingehend beobachtet.

Es war die reinste Sklavenarbeit. Wenn er wenigstens einen Gehilfen gehabt hätte, aber dafür zahlte die kaiserliche Kasse keinen Heller. So mußte er alles selber ausführen. Der Sommer verging. Tage mit Nebel oder mit glasklarer Luft wechselten einander ab. Die ersten Schneeflocken wirbelten über die Dächer, und Eisschollen trieben auf der Moldau.

Oft mußte Johannes an die Worte von Plinius denken, daß der Mars aller Wißbegierde trotze, die Kunstgriffe der Astronomen verspotte und das Geheimnis seiner Bahn nicht preisgebe.

Er bemerkte die ersten grauen Haare in seinem braunen Bart. Bald wurde er vierzig Jahre alt. Aus dem Töchterchen Regina war eine junge Frau geworden. Ihre Hochzeit hatte ihm viel Mühe bereitet, und der Abschied war ihm schwergefallen. – Das Rechnen war nicht seine starke Seite, immer wieder stellte er Fehler fest, mußte er Rechnungen wiederholen. Aber auch nach der siebzigsten Korrektur ergeben die Berechnungen nicht die genaue Übereinstimmung mit den Beobachtungen. Am liebsten hätte er das Tintenfaß über den Berg von Seiten geschüttet. Fünf Jahre hatte ihn der Mars an der Nase herumgeführt. Das Ergebnis war eine Differenz von acht Bogenminuten zwischen den Beobachtungen und der Berechnung der Kreisbahn.

Johannes verließ das Schloß und lief in den Wald. Dichtes Gestrüpp war ihm am liebsten. Er hörte das Laub unter seinen Schritten rascheln, Zweige knacken, einen Kuckuck rufen.

Acht Minuten Differenz! Warum regte er sich darüber auf? Copernicus hatten zehn Minuten Differenz nicht beunruhigt. Er hatte sogar den Mittelpunkt der Erdbahn ein Stückchen neben die Sonne gelegt, um den Rechnungen Genüge zu tun. Und er hatte Epizykel, Hilfskreise, verwendet.

Aber gerade das hatte er ja an Copernicus' Astronomie kritisiert. Die Niederlage bedrückte Johannes. Die Rechnungen stimmten. Wo lag der Fehler? Bis in den Traum verfolgten ihn die Bewegungen des Planeten Mars. –

Baron Hoffmann, der ihm geduldig zugehört hatte, meinte: »Vielleicht ist das System von Copernicus doch nicht das richtige? Wenn du nun doch das tychonische ...?« Er blickte Johannes fragend an.

Johannes schüttelte den Kopf. »Ich bin auch nicht frei von Anfechtungen«, antwortete er. »Aber es kann nur die Sonne im Mittelpunkt stehen.«

Hoffmann betrachtete die Zeichnungen. «Warum rechnest du nicht mit Hilfskreisen wie Ptolemäus oder Copernicus?« Er hob das Glas. «Was dem einen recht ist, ist dem andern billig. Auf dein Wohl.«

Der Wein war gut, und Johannes lehnte sich entspannt zurück. «Lieber Freund, acht Bogenminuten kann ich nicht mit astronomischen oder mathematischen Tricks beseitigen. Ich muß genau wissen, auf welcher Bahn sich der Mars bewegt. Vielleicht gelingt es mir, ihn zu überlisten. Er selbst soll mir dabei helfen.«

»Du machst micht neugierig, Johannes.« Hoffmann winkte einem Diener und ließ nachschenken.

»Wenn die Erde sich bewegt«, sagte Johannes, »dann sehen wir doch alles, was wir am Himmel beobachten, von einem sich bewegenden Körper, unserm Erdball. Diese Bewegung ist uns aber nicht genau bekannt. Deshalb können auch alle von hier beobachteten Bewegungen am Himmel fehlerhaft sein. Ich muß also erst einmal die Bewegung der Erde berechnen.«

Hoffmann strich über seine spärlichen Haare. »Wie willst du

das bewerkstelligen? Deine Gedanken verwirren mich, muß ich sagen. Wie kannst du die Bewegung der Erde im Kosmos berechnen, eine Bewegung, die wir weder sehen noch fühlen? Und wie soll dir ausgerechnet der Mars dabei helfen?«

Johannes nahm einen tiefen Schluck. Aus dem Festsaal klang Musik. »Kannst du deine Gäste noch allein lassen?« fragte er. Und als Baron Hoffmann nickte, fuhr er fort: »Daß der Mars um die Sonne läuft, weiß ich. Immer, wenn er diesen Weg einmal zurückgelegt hat, also nach Ablauf eines Marsjahres, muß er sich an der gleichen Stelle befinden. Damit habe ich neben der Sonne einen zweiten Fixpunkt im Kosmos, so daß ich Winkelmessungen vornehmen kann, Winkelmessungen zur Bestimmung der Position unserer Erde auf ihrem Weg um die Sonne.«

»Das klingt atemberaubend, Johannes. Aber wie willst du damit den Mars überlisten?«

»Wenn ich die Bewegung der Erde genau kenne, müßte ich die Marsbahn bestimmen können.«

»Großer Gott!« stöhnte Hoffmann, »ich sehe, daß die Astronomie verwickelter ist als die Geschäfte am Hof. Aber ich glaube, du wirst es schaffen, Johannes. Doch jetzt wollen wir uns ein bißchen um die anderen Gäste kümmern.«

Der Winter war vergangen, das Osterfest nahte. Johannes hatte die Bewegung der Erde um die Sonne berechnet und starrte verwundert auf seine Aufzeichnungen, die den Tisch, die Bank und einen Teil des Fußbodens bedeckten.

Er war entschlossen gewesen, nur die Tatsachen sprechen zu lassen, auch wenn sie noch so sehr von alten Vorstellungen abwichen oder ihnen entgegengesetzt waren. Dennoch erschien ihm das Ergebnis seiner Berechnungen unglaublich.

Über eintausendfünfhundert Jahre hatten die Astronomen angenommen, daß die Himmelskörper sich mit gleichbleibender

Geschwindigkeit bewegten. Auch Copernicus und er selbst waren davon überzeugt gewesen.

Aber die Erde bewegte sich nicht gleichmäßig.

Dazu kam eine zweite Überraschung. Seit sich Astronomen Gedanken über die Planeten gemacht hatten, herrschte die Vorstellung, daß sie sich auf einer Kreisbahn bewegten. Niemand hatte je daran gezweifelt. Aber nach den Berechnungen schien die Gestalt der Erdbahn von einem Kreis abzuweichen.

So sehr Johannes sich gegen Überraschungen gewappnet glaubte, jetzt bestürmten ihn Zweifel. Eine alte Idee saß in seinem Gehirn wie eine Krake. Sie hielt unzählige Nerven umklammert und ließ sie nur unter heftigem Widerstand los.

Wie konnte sich die Erde einmal schnell und einmal langsam bewegen? Wie konnte sie ihre Kreisbahn verlassen? Ob es gleiche oder ähnliche Erscheinungen auch beim Mars gab? Er stürzte sich in die Arbeit.

Die Ergebnisse bestätigten seine Vermutung: Die Bahn des Mars stimmte noch weniger als die der Erde mit einem Kreis überein, und seine Geschwindigkeit war ebenfalls ungleichmäßig.

Wie sollte er diese Erscheinung erklären? Konnte es sein, daß der Mars bei seinem Lauf der Sonne einmal näherkam? – Dann mußte ihre Kraft stärker auf ihn einwirken und ihn beschleunigen. Johannes bestimmte mehrfach die Entfernung Sonne – Mars. Tatsächlich, der Mars kam auf einem Teil seines Umlaufs der Sonne näher, dann wieder entfernte er sich von ihr.

Lag hier des Rätsels Lösung? Johannes wollte nichts überstürzen. Schritt für Schritt mußte er vorgehen. Wenn seine Überlegung stimmte, dann konnten die Planeten keine Kreisbahnen beschreiben, wohl aber – eiförmige oder ovale Bahnen.

Ausgerechnet zum Osterfest war ihm der Gedanke gekommen, warum auch sollten die Planeten unbedingt auf Kreisen umlaufen? Dafür gab es keinen Beweis, es war eine Annahme oder Hypothese. Hypothesen suchte er nicht, er wollte die kosmische Schöpfung Gottes so sehen, wie sie war.

Die Begeisterung für die neue Idee ließ ihn alle Mühen ertragen. Würden die Berechnungen seine Annahme bestätigen? Es gab Tage, da glaubte er sich dem Erfolg nahe, und er arbeitete fieberhaft. Aber nach einem Jahr gab er auf. Mit dem kosmischen Ei hatte er Pech gehabt. Es war ein Windei, es hielt den Berechnungen nicht stand.

In zu großer Eile, sagte ein Sprichwort, wirft eine Hündin blinde Junge. Er hatte sich in einem Irrgang verrannt. Die Bahnen der Planeten waren sowenig Kreise wie Ovale.

Aber welche Form hatten sie dann?

Er mußte Geduld haben. Rom war auch nicht in einem Tage erbaut worden. Die Wege, die den Menschen zum Wissen führten, waren ebenso erstaunlich wie das Wissen selbst. Er war blind gewesen, angekettet an seine Gleichungen, umsponnen von seinen Ideen. Er brauchte Klarheit. Mangel an Wagemut war der Tod der Philosophie. Er mußte den kühnen Sprung wagen. Die Bahn des Planeten Mars war kein Kreis, kein Oval. Vielleicht war sie eine – Ellipse?

Eine Ellipse? Es blieb ihm keine Wahl. Er mußte wieder rechnen und rechnen. Keuchend und schwitzend arbeitete er sich an das Ziel heran.

Die Morgenröte des neuen Tages zeigte sich bald. Jetzt stimmten die Berechnungen mit den Beobachtungen der Bewegung des Mars überein. Seine Bahn war eine Ellipse, in deren einem Brennpunkt die Sonne stand.

Auf dieser Bahn bewegte sich der Mars ungleichmäßig schnell. Die Verbindungslinie Sonne – Mars überstrich in gleichen Zeiten gleiche Flächen. In der Nähe der Sonne war der Abstand kleiner, der Weg größer. In Sonnenferne war der Abstand größer, der Weg kleiner. Es war die Sonne, die mit ihrer Kraft die Planeten auf diesen Bahnen umtrieb.

Johannes fühlte sich wie aus einem tiefen Schlaf erwacht. Er dankte Gott für die Erleuchtung. Ohne die genauen Beobachtungen Tychos hätte er das Geheimnis nicht entdeckt. Das Planetensystem war eine Art Uhrwerk und folgte physikalischen Gesetzen. Sein Buch sollte »Die neue Astronomie« heißen, neu, weil sie den tatsächlichen Lauf der Planeten beschrieb. Es war die erste Astronomie ohne Hypothesen, eine Physik des Himmels.

Wie würde man sie aufnehmen? Mit seinem »Mysterium Cosmographicum« hatte er Erstaunen und Bewunderung hervorgerufen, nicht aber die Anerkennung der copernicanischen Astronomie erreicht. Würde die »Neue Astronomie« den Schild der Voreingenommenheit durchbrechen?

Sein väterlicher Freund Mästlin schrieb ihm reserviert, daß er das Werk nicht beurteilen könne. Sein Brieffreund Fabricius meinte sogar: »Mit Eurer Ellipse hebt Ihr die Kreisförmigkeit und Gleichheit der Bewegung auf, was mir um so vernunftwidriger vorkommt, je mehr ich darüber nachdenke.«

Was würden erst die Theologen sagen, die dem Irrtum anhingen, die Bibel bestätige die ptolemäische Astronomie? – Er konnte und wollte den Rat Hafenreffers nicht befolgen und die Astronomie als mathematische Hypothese ausgeben.

Wer sein Buch aufschlug, sollte gleich in der Einleitung lesen, worauf es ihm ankam. Der Naturforscher hatte einzig und allein der Wahrheit zu dienen und durfte sich nicht durch Bewunderung oder Verachtung von Personen oder Parteien betören lassen. Mochte in der Theologie auch das Gewicht der Autoritäten gelten, in der Naturwissenschaft mußten allein Vernunftgründe entscheiden.

Und er fügte seinem Buch den Satz an: »Heilig ist Laktanz,

der die Kugelgestalt der Erde leugnete. Ein Heiliger war auch Augustinus, der die Existenz von Antipoden leugnete. Geheiligt ist das Officium unserer Zeit, das die Kleinheit der Erde zugibt, aber deren Bewegung leugnet. Doch geheiligter als sie alle ist für mich die Wahrheit, wenn ich, mit allem Respekt vor den Lehrern der Kirche, aus der Philosophie beweise, daß die Erde rund, ringsum von Antipoden bewohnt, von völlig unbedeutender Kleinheit und eine rasche Wanderin inmitten der Sterne ist.«

Johannes war erschöpft. Er betrachtete müde und stolz zugleich den Stoß Papier und faltete die Hände. Er brauchte Besinnung, aber er fand keine Zeit zur Muße. Der Hofrat Wackher von Wackhenfels, der aus Italien zurückgekehrt war, besuchte ihn und übergab ihm ein Buch von Galilei, »Der Sternenbote«.

»Ich muß es Euch gleich sagen«, berichtete Wackhenfels, »Galilei hat ein Rohr auf den Himmel gerichtet und unglaubliche Dinge gesehen: viele neue Sterne, Berge und Täler auf dem Mond, und vier Planeten, die um den Jupiter laufen.«

Ein wunderbares Gefühl ergriff Johannes. Sein Gemüt war bewegt. Das war eine Botschaft, wie sie vom Himmel noch nicht verkündet worden war. Er freute sich über den Erfolg Galileis und ärgerte sich über sich selbst, daß er nicht an den Bau eines Fernrohrs gedacht hatte.

Wackhenfels war verwundert. »Ihr zweifelt nicht an Galileis Beobachtungen? Fast alle halten sie für Trugbilder.«

»Ich kann die Leistung eines solchen Fernrohrs beurteilen«, antwortete Johannes. »Schaut in mein Buch über die Optik. Außerdem vertraue ich Galilei mehr als den griesgrämigen Kritikern. Nur schade, daß er mir kein Rohr mitgeschickt hat, damit ich seine Entdeckungen als Augenzeuge bestätigen kann.«

»Würdet Ihr dennoch ein Gutachten über den ›Sternenboten‹ veröffentlichen?« fragte Wackhenfels erwartungsvoll. »Die Meinung des Kaiserlichen Mathematikers wird überall gehört.«

Johannes nickte. »Ich werde außerdem ein Buch über die Wirkung optischer Instrumente schreiben und es ›Dioptrik‹ nennen.« Er reichte Wackhenfels die Hand. »Ihr habt mir eine gute Nachricht gebracht.«

Galileis klare Ausführungen begeisterten Johannes. Nur bezweifelte er, daß Planeten um den Jupiter herumliefen. Die Trabanten konnten nur Monde sein und zum Jupiter gehören wie der Mond zur Erde.

Johannes wollte loben, was ihm gefiel, und tadeln, was er für falsch hielt. Und er wollte Galilei Mut machen mit seiner Schrift »Unterredung mit dem Sternenboten«. Jetzt, wo auch Galilei öffentlich für Copernicus' Weltbild eingetreten war, konnten sie Schulter an Schulter gegen die Leugner der Wahrheit vorgehn.

»Es wird keinen Mangel an menschlichen Bahnbrechern geben, lieber Galilei. Wer hätte gedacht, daß die Schiffahrt über den ungeheuren Ozean weniger gefährlich ist als in den engen, bedrohlichen Golfen der Adria, der Ostsee und in der britischen Meerenge? Bauen wir Schiffe und Segel, die dem himmlischen Äther angepaßt sind. Wenn wir erst die Kunst des Fliegens gemeistert haben, wird es mehr als genug Leute geben, die keine Furcht haben vor den leeren Wüsten. In der Zwischenzeit wollen wir für die wackeren Himmelsreisenden Karten der Himmelskörper zeichnen …«

II

Kein Sterblicher lebte, dessen Schicksal so die Voraussicht floh wie das seine. Johannes packte die Horoskope, die er sich und seiner Frau und seinen Kindern gestellt hatte, in eine Kiste. Die Wohnung war verödet. Barbara war tot, Friedrich war tot; Ludwig und Susanne schon bei Freunden in Linz.

Die Sterne konnten den menschlichen Charakter und den Ablauf von Ereignissen beeinflussen, aber sie wirkten nicht, wie die Abergläubischen dachten, direkt auf das Leben oder mischten sich gar in die menschlichen Handlungen ein.

Johannes blickte durch das Fenster in die Karlsgasse. In wenigen Minuten würde der Wagen vorfahren, der ihn nach Linz bringen sollte. Zwölf Jahre hatte er in Prag gelebt; nie hätte er gedacht, daß er es als Unglücklicher verlassen würde.

Er hatte oft Erfolg mit Voraussagen gehabt. Trafen sie ein, hieß es, ›der Kepler kommt‹. Aber er hatte sich auch geirrt. Prag hatte ihm letzten Endes kein Glück gebracht.

Kaiser Rudolph II., dem er viel verdankte, hatte ihn mit in den Strudel seines Abstiegs gerissen. Aus Angst vor seinem Bruder Matthias und den böhmischen Ständen hatte Rudolph II. Söldner nach Prag geholt, die nichts als Schrecken, Empörung und Seuchen verbreitet hatten.

Johannes hatte ihn gewarnt, aber Rudolph war den Einflüsterungen der Jesuiten und Hofastrologen gefolgt und hatte das heraufbeschworen, wovor er sich hatte schützen wollen. Matthias und die Stände hatten sich gegen ihn verbündet und ihn entmachtet. Als Gefangener seines Bruders war er gestorben; Matthias hatte sein Zepter übernommen.

Gegen Johannes war der neue Kaiser gnädig gewesen; er hatte ihn in seinem Amt bestätigt, er hätte in Prag bleiben können, aber die Ereignisse schreckten ihn. Er sah den Tag kommen, an dem es den Evangelischen in Prag ebenso ergehen würde wie seinerzeit in Graz. Der Hof begünstigte die katholische Partei. Die Streitigkeiten nahmen zu. Johannes wollte am Zorn der Theologen nicht teilhaben. Sein Gewissen gebot ihm, auch den Feinden kein Unrecht anzutun.

Der Wagen rollte in die Karlsgasse. Johannes trat aus dem Haus, warf einen Blick auf die mächtige Fassade des Jesuitenkollegs. Er sah die breite Strömung der Moldau und die hohen Mauern und Türme des Hradschin. Oft war er über die Brücke und den steilen Pfad zur Burg hinaufgegangen. Die Sonne spiegelte sich in den Fenstern und auf den goldenen Dächern.

Gestern war er noch einmal auf dem Friedhof gewesen. Nur sechs Jahre hatte Friedrich gelebt. Barbara hatte es nicht überwunden und war bald darauf gestorben. Sie war betäubt gewesen von den Greueltaten der Soldaten und den blutigen Kämpfen, verzehrt von Hoffnungslosigkeit und einem unstillbaren Sehnen nach der verlorenen Heimat.

Der Schmerz saß tief. Aber die Kinder brauchten ihn. Er wollte in den Wechselfällen des Lebens nicht verzagen und sich der göttlichen Gnade bewußt bleiben. Hohe Ehren und Würden brauchte er nicht. Er diente nicht dem Kaiser, sondern der ganzen Menschheit und der Nachwelt. Er verachtete im geheimen Stolz alle Ehren und Würden und – wenn nötig – auch diejenigen, die sie verliehen.

Die Wohnung war ausgeräumt. Noch konnte er sich vorstellen, wo er mit Barbara am liebsten gesessen, wo sie gegessen, geschlafen hatten. In wenigen Tagen würden andere Menschen einziehen. Er hatte sich von seinen Freunden verabschiedet, er würde sie alle vermissen, von Hoffmann und von Wackhenfels besonders. Er fühlte die Einsamkeit und stieg auf den Wagen.

In Linz war sein Leben gesicherter. Deshalb war er in den Dienst der evangelischen Landstände von Oberösterreich getreten. Gleichzeitig blieb er Kaiserlicher Mathematiker und mit der Anfertigung der Rudolphinischen Sterntafeln betraut.

Der Ortswechsel, die Aufgaben als Landschaftsmathematiker und neue Freunde in Linz halfen ihm sein Leid lindern und heilen. Anfangs kam er kaum zur Besinnung. Er sollte das Land vermessen, eine Landkarte und eine Beschreibung von Österreich, der Steiermark und Kärnten anfertigen. Er mußte sich um seine Kinder und um eine Wohnung kümmern. Das Leben ging weiter; er brauchte eine Frau, die Kinder eine Mutter.

Zweiundvierzig Jahre war er jetzt alt, aber die Erfahrung half im wenig. Sollte er eine erfahrene Frau, eine Witwe, heiraten oder lieber eine junge? Sollte er eine von Stand mit Titel und Vermögen wählen oder einzig der Neigung seines Herzens folgen?

So viele Ratgeber, so viele Auffassungen! Je mehr Frauen er kennenlernte, desto komplizierter erschien ihm die Wahl. Bis er einsah, alle Wünsche waren auf einmal nicht zu erfüllen.

»Ich habe mich endlich für Susanna Reuttinger entschieden«, schrieb er seinem Freund Hoffmann. »Sie zeigt keinerlei Stolz und überflüssigen Aufwand und zeichnet sich vor allen anderen durch Bescheidenheit, Sparsamkeit und Fleiß aus. Meiner Kinder hat sie sich bereits in liebevoller Fürsorge angenommen, und ich bin glücklich, der Stimme meines Herzens gefolgt zu sein. Das Schicksal hat mich gelehrt, nicht auf hohe Stellung, auf Reichtum und Herkunft zu sehen, sondern auf die schlichten Tugenden.«

Susanna hatte ihm ihr Jawort gegeben. Sie wollte die Hochzeit vorbereiten, während Johannes zum Reichstag nach Regensburg ritt, wohin ihn Kaiser Matthias gerufen hatte. Er sollte ein Gutachten über den Gregorianischen Kalender verfassen, damit endlich im Heiligen Römischen Reich deutscher Nation eine einheitliche Zeitrechnung eingeführt werden konnte.

An Deutlichkeit wollte Johannes es nicht fehlen lassen, aber er bezweifelte den Erfolg, denn er kannte den Starrsinn seiner Glaubensbrüder in Württemberg, die aus der Kalenderfrage ein religiöses Problem machten. So klammerten sie sich an den untauglich gewordenen Julianischen Kalender mit dem blinden Eifer der Fanatiker.

Johannes trug seine Gedanken ohne Furcht vor. Zustimmung und Ablehnung sah er auf den Gesichtern, die ihm wie Schilder der Konfessionen erschienen. Aus den Gesprächen bei den Mahlzeiten und Empfängen spürte er die Unduldsamkeit gegenüber dem Andersgläubigen.

Zwei unnachgiebige Parteien standen sich gegenüber, formiert bereits in der Katholischen Liga unter Führung des Bayerischen Herzogs einerseits und der Evangelischen Union unter Führung des Pfälzischen Kurfürsten andererseits.

Ein tiefer Graben unversöhnlichen Hasses trennte sie. Aber auch die Lutheraner und Kalvinisten befehdeten einander. Die Vernunft war ein schwacher Streiter gegen die Begierden der Macht. Nicht die Zeichen am Himmel, sondern die auf Erden deuteten auf Feindschaft und Krieg.

Kaiser Matthias suchte noch einen Rest Glaubensfreiheit in Böhmen zu gewähren, weil ihm die evangelischen Stände geholfen hatten. Nach seinem Tod aber würde der Erzherzog Ferdinand die Böhmische Königskrone und den Kaiserthron beanspruchen.

Johannes wollte mit allen Kräften zur Verständigung beitragen; das christliche Band der Liebe mußte stärker sein als das Gift des Hasses. Niemand war für sich selbst in die Welt gestellt, sondern ein jeder hatte seine Gaben empfangen, um auch anderen nützlich zu sein. Was er im Innern glaubte, daraus würde er kein Hehl machen. –

Johannes freute sich auf Susanna und seine Kinder. Er sehnte sich nach seinem Zuhause und beeilte sich mit der Rückkehr.

Die Abendsonne schien, als er die enge Hofgasse erreichte und seine Familie in die Arme schloß.

»Endlich«, sagte Susanna, »wir haben so auf dich gewartet.« Johannes küßte sie und sah froh von einem zum andern. »Wir kommen gut miteinander aus«, sagte Susanna. »Anfangs hatte ich Bedenken, so große Kinder ...« Sie wurde ernst. »Wir können nicht in Linz heiraten. Daniel Hitzler verweigert uns die Trauung. Er hat dich vom Abendmahl ausgeschlossen.«

Johannes sprang auf. »Nicht daß der Zorn mich fortreißt«, rief er. »Ich werde mit ihm reden.«

Daniel Hitzler empfing Johannes hochmütig. »Du bildest dir etwas auf deinen Verstand ein, Johannes. Aber was bist du denn in Wirklichkeit? Ein Träumer. Sonst wärst du heute das, was ich geworden bin, Hauptpastor, und kein Landvermesser. Unterschreib die Konkordienformel, dann können wir uns verständigen.«

»Du hast nichts dazugelernt, Daniel, wenn das Unglück wieder über dich kommt, dann denk daran. In Gewissensfragen werde ich nicht heucheln, weder dir noch den anderen zuliebe. Ich werde über unsere katholischen Brüder ebensowenig richten wie über die kalvinistischen. Deshalb verweigere ich meine Unterschrift. Wir Christen mögen stehen oder fallen, wir sind des Herrn. Du aber machst dich schuldig.«

Hitzler ging wütend auf und ab. »Was erdreistest du dich?«

rief er. »Dein Glaube soll nicht auf des Menschen Weisheit beruhen, sondern auf Gottes Kraft. Ich werde die Unbelehrbaren exkommunizieren, dann bist du ein vor der ganzen Gemeinde Geächteter. Niemand wird ein Stück Brot mit dir essen oder einen Schluck Wein mit dir trinken. Und deine Anstellung bei den Landständen werde ich anfechten, denn du dienst dem katholischen Kaiser.«

»Du bist päpstlicher als die Papisten, auf die du herabzusehen dich anmaßt. Aus diesem Geist der Verachtung gehen Unfriede und Unglück hervor. Du wirst es am eigenen Leib erfahren: wer den andern nicht duldet, wird selbst nicht geduldet werden.«

»Du mit deinen Hirngespinsten.« Hitzler starrte ihn feindselig an. »Ein Schwindelhirnlein bist du. Selbst wenn du klüger sein solltest als Plato, Aristoteles oder Ptolemäus, so begreifst du nichts von den Mysterien der Heiligen Schrift. Du bist ein Ketzer, ein ungesundes Schaf unserer Kirche. Das Konsistorium in Stuttgart teilt meinen Standpunkt, ja sogar dein Freund Hafenreffer.« Hitzler wischte sich den Schweiß von der Stirn. Seine Augen glänzten vor Anstrengung.

»Ich wünsche nur, daß der barmherzige Gott dich und alle anderen von der Geisteskrankheit heilen möge, die im Bruder den Teufel sieht.«

Johannes schloß die Tür. Aufgewühlt und gedemütigt lief er die Donau entlang, vorbei an der langen Holzbrücke bis zum hohen Ufer, auf dem sich das Schloß erhob. Schiffe trieben im Strom, sie kamen aus Ungarn, Bayern und Württemberg. Der Gedanke an seine Heimat rief Wehmut und Bitterkeit in ihm wach. Er sah auf Linz, auf den Hauptplatz mit dem Rathaus, auf die Pfarrkirche, in der er sich hatte trauen lassen wollen, auf das hohe Schmittor und das prächtige Landhaus. So mächtig war Hitzler hier in Linz nicht, um ihn vertreiben und die Landstände einschüchtern zu können.

Susanna hörte Johannes ruhig an, bevor sie sagte: »Wollen wir uns nicht in Eferding trauen lassen?« Sie war dort als Waise im Stift der Familie von Starhemberg aufgewachsen und kannte den Pfarrer. »Er ist Kalvinist und gutmütig«, fuhr sie fort. »Im Gasthaus ›Zum Goldenen Löwen‹ könnten wir feiern.«

Johannes' Gesicht erhellte sich. »Das ist die richtige Antwort, Mädchen. Morgen fahren wir. In Eferding wird uns übrigens alles billiger kommen.« Er schmunzelte und zog sie an sich.

Der Pfarrer war einverstanden, und der Schloßherr von Starhemberg beglückwünschte das Paar. »Wir heiraten am Tag der Mondfinsternis«, sagte Johannes, »da verbirgt sich der astronomische Geist.«

»Eine richtige Astronomen-Hochzeit!«rief Starhemberg lachend. »Im übrigen wäre ich dankbar, wenn Ihr Euch mein Horoskop ansehen würdet.«

Johannes wollte eine stattliche Feier, schon deswegen, weil einige auf Susanna, deren Vater Schreiner war, herabsahen. Von Starhemberg half ihm bei der Vorbereitung. Der Wirt vom ›Goldenen Löwen‹ schmückte die Räume und servierte erlesenes Wildbret und köstliche Weine. Die Geschenke füllten einen großen Tisch, die Landstände überreichten ein wertvolles Trinkgeschirr, und der Kaiser schickte sechzig Gulden. Schnell verging die Zeit bis zum Morgen bei Musik, Gesang und Tanz.

»Ich bin ganz glücklich«, sagte Susanna und lehnte ihren Kopf an seine Schulter. Johannes spürte ihre Wärme und die Erregung ihrer Herzen. –

Wieder in Linz, begegneten Johannes einige Bürger, die ihm gegenüber bisher gleichgültig gewesen waren, mit Argwohn und Mißgunst. Er hörte Drohungen. »Ein verschlagener Kalvinist. Man sollte ihn verprügeln. Für so einen ist das Leben zu schade.«

Als er in der Landschaftsschule den ihm übertragenen Unterricht fortsetzen wollte, fehlten die Schüler. Daniel Hitzler hatte gegen ihn gepredigt und seine Entlassung gefordert.

Besorgt wartete Johannes die Beratung der Landstände ab. Die Debatten waren heftig. »Wir können unserer Jugend nicht zumuten, daß Kepler ihr das kalvinistische Gift einflößt!« rief Hitzler. »Deshalb bestehe ich auf Entlassung.«

Starhemberg erhob sich und fragte gelassen: »Haben wir einen Theologen oder einen Mathematiker eingestellt? Gibt es Einwände gegen die Fähigkeiten des Kaiserlichen Mathematikers? Dann stimmen wir ab.«

Johannes konnte aufatmen. Der Kelch war an ihm vorübergegangen, aber die Bitterkeit des Tranks spürte er auf der Zunge. Starhemberg beglückwünschte ihn, und andere schlossen sich an. »Eine überwältigende Mehrheit«, beruhigte ihn der Freiherr. »In Zukunft wird Euch niemand mehr bedrohen, es sei denn, er möchte sich mit den Landständen anlegen.« Die Umstehenden lachten selbstsicher und tranken einander zu.

Die Stimmung in Linz beruhigte sich. Vom Abendmahl jedoch blieb Johannes ausgeschlossen, und einige begegneten ihm nach wie vor mit unverhohlenem Mißtrauen. Dafür suchten bald viele gelehrte Männer seine Bekanntschaft. Er war ein gern gesehener Gast und ein geschätzter Gastgeber. Seine Weine und die Speisen seiner Frau waren begehrt, vor allem aber sein Wissen, sein Humor, seine Güte. Flüchtlingen öffnete er sein Haus und seine Hand. Vielen konnte er mit Hilfe seiner Freunde zu einer neuen Heimat verhelfen.

Mit der Landvermessung kam er schwer voran. Er war ohne Gehilfen und oft der Willkür unverständiger Bauern ausgeliefert. Lieber beschäftigte er sich mit mathematischen Aufgaben. So entwarf er eine Methode zur Berechnung des Inhalts von Fässern, wodurch Betrügereien im Handel verhindert werden konnten. Die Landstände aber ermahnten ihn, die Landkarte anzufertigen, der Kaiser drängte, die Rudolphinischen Tafeln fertigzustellen.

Als ob er nicht ständig daran arbeiten würde! Schließlich war er kein Schulbub, dem man Aufgaben stellte. Die Freiheit, das zu tun, was er für richtig hielt, ließ er sich nicht nehmen.

Er trug das Tafelwerk lange genug mit sich herum, und er war selbst unzufrieden, daß er es noch nicht ausgearbeitet hatte. Aber zuvor mußte er die vollkommene Harmonie der Schöpfung ergründen. Zwischen der Umlaufzeit der Planeten und ihrem Abstand von der Sonne mußte ein Zusammenhang bestehen.

»Sag mal«, fragte er Susanna beim Mittagessen, »wenn die Luft voll wäre von Salatblättern, Salzkörnern, ein paar Tropfen Wasser, Essig, Öl, kreuzweise geteilten Eiern, und sich alles das auf zinnernen Tellern absetzte, würde sich dann durch Zufall etwas bilden wie dein Salat?«

Susanna blieb die Gabel im Mund stecken. »Einfälle hast du.« Sie lachte. »Ein Salat vielleicht, aber bestimmt nicht von solcher Herrichtung und solch stattlichem Aussehen. Wollen wir die Zutaten mal in die Luft werfen?«

»Lieber nicht«, wehrte Johannes ab. »Du hast mich überzeugt, meine Schöne. Ich bin mit dem Salat vollkommen zufrieden.«

Unerschöpflich war der Schatz der Naturgeheimnisse, unbeschreiblich in seiner Fülle. Wer auf diesem Gebiet etwas Neues ans Licht brachte, öffnete anderen den Weg zu neuen Forschungen.

Die Welt war ein harmonisches Gebilde. Nirgends zu viel, nirgends zu wenig; alles gedoppelt. Einem jeden hatte Gott Vorzüge mitgeteilt. Zweck der Welt war der Mensch, und nichts war größer und weiter als das Weltall. Wer bekam je genug in der Betrachtung seiner Herrlichkeit?

Johannes schrieb an dem Buch ›Harmonices Mundi‹, die Harmonie der Welt. Er wollte dem Himmel und der Natur die Zunge lösen. Gott hatte zu den Sinnen den Geist gefügt, nicht bloß damit sich der Mensch seinen Lebensunterhalt verdiene, sondern auch dazu, daß er vom Sein der Dinge, die er mit den Augen betrachtete, zur Ursache ihres Seins und Werdens vordränge, auch wenn kein weiterer Nutzen damit verbunden war. Durch die Nahrung der Erkenntnis wurde die Seele des Menschen am Leben erhalten. Wer nach der Erkenntnis der Natur kein Verlangen in sich trug, glich mehr einem Toten als einem Lebenden.

Johannes flossen die Gedanken nur so zu. Die Mannigfaltigkeit der Natur erschien ihm unendlich groß. Dem menschlichen Geist würde die Nahrung nie ausgehen. Und je besser er die Schöpfung kannte, desto tiefere Andacht mußte ihn erfüllen.

Johannes schrieb über die geometrischen Figuren, über die Musik, in der er die harmonischen Beziehungen der Töne mit den Bewegungen der Planeten verglich. Ihn beschäftigte die harmonische Ordnung in Regierungsformen, Rechtspflege und Strafverfahren, und er forderte, aus den Naturerkenntnissen Lehren für die Regelung menschlichen Verhaltens zu ziehen. Zum Schluß aber konzentrierte er sich auf die Astronomie.

Noch immer hatte er den Zusammenhang zwischen den Umlaufzeiten der Planeten und ihrem Abstand von der Sonne nicht gefunden. Die Planeten konnten ihre Bahnen nicht in beliebiger Entfernung von der Quelle des Lichts und der Wärme wählen.

Vor achtzehn Monaten hatte er sich dem Ziel nahe geglaubt, vor zwei Monaten glaubte er schon, das Geheimnis enthüllt zu haben, aber die Berechnungen stimmten nicht. Das war am 8. März 1618. Johannes konnte sich genau an das Datum erinnern. Er hatte keine glückliche Hand gehabt.

Irgendwie fühlte er sich abgelenkt. In seinem Kalender hatte er Unruhen und Wirrnisse für dieses Frühjahr vorhergesagt, denn er glaubte, daß die böhmischen Stände sich mit der Krönung des Erzherzogs Ferdinand zum König von Böhmen nicht abfinden würden. Kaiser Matthias aber, der alt und gebrechlich in seiner Kaiserburg in Wien residierte, hatte Ferdinand zu seinem Nachfolger bestimmt.

Die Nachrichten aus Prag waren tatsächlich besorgniserregend. Die böhmischen Stände beriefen sich auf ihr Wahlrecht und lehnten Ferdinand ab, von dem sie fürchteten, daß er auch ihnen den katholischen Glauben aufzwingen würde.

Sie sahen sich nach Bundesgenossen im Reich um und wußten sich von der Evangelischen Union gestärkt. Sie würden sich zur Wehr setzen, und es konnte zu einem Krieg kommen, einem Krieg zwischen Christen um den rechten Glauben, ein Krieg zwischen der Union und der Liga, ein Krieg zwischen katholischen und evangelischen Fürsten deutscher Nation.

Johannes durfte gar nicht daran denken. Wie vieler Güter beraubten sich die Menschen allein durch ihre Streitigkeiten. Wie tief konnten sie in der Verkennung ihrer Bestimmung sinken.

Die Harmonie der Welt, das war sein Schlachtruf in diesem Streit der Konfessionen. Nicht Zank, sondern Einigkeit in Freiheit. Dafür schrieb er sein Buch. Die Harmonie der Schöpfung sollte den Menschen zu Gott zurückführen helfen.

Noch hatte er das Ziel nicht erreicht. Welche mathematische Beziehung bestand zwischen der Umlaufzeit eines Planeten und seiner Entfernung von der Sonne? Seit Graz hatte er danach gesucht. Endlich, am 15. Mai 1618, besiegte er die Finsternis. Träumte oder wachte er? Hatte er vielleicht den Beweis nur unterstellt? Verwundert dachte er an die vielen Irrwege, denen er gefolgt war. Siebzehn Jahre lang hatte er an Tycho de Brahes Beobachtungen gearbeitet.

Es gab wirklich keinen Zweifel. Das Wunderbare war offenbart, der Abstand der Planeten von der Sonne und ihre Umlaufzeiten folgten einer mathematischen Beziehung! Die Quadrate der Umlaufzeiten aller Planeten verhielten sich wie die dritte Potenz ihrer mittleren Abstände von der Sonne.

Er hatte das Licht gesehen. Nichts hielt ihn mehr zurück, er war rasend vor Glück, und er schrieb: »Ich habe die goldenen Gefäße der Ägypter geraubt, um aus ihnen ein Heiligtum für meinen Gott zu bauen. Vergebt ihr mir, so freue ich mich, zürnt ihr mir, so ertrage ich es. Seht, ich habe die Würfel geworfen und schreibe ein Buch, entweder für meine Zeitgenossen oder die Nachwelt. Mit ist es gleich, es mag hundert Jahre auf den Leser warten ... Umsonst soll der Kriegsgott mit Bombarden und Trompeten und seinem ganzen Taratantara brummen und knirschen – die Exemplare der Harmonik werden auf der kommenden Herbstmesse in Frankfurt alle erwerben können, denen es am Herzen liegt, die Werke Gottes tiefer zu betrachten.«

12

Nun war der Weg frei für die Rudolphinischen Tafeln. Johannes kannte die tatsächlichen Bahnen der Planeten und das Verhältnis ihrer Umlaufzeiten zu ihrem Abstand von der Sonne. Mit ihnen würde er seinem Werk und dem von Copernicus und Tycho de Brahe die Krone aufsetzen, eine Krone von weit höherem Wert als die eines Königs oder Kaisers – die Krone der Erkenntnis.

Jetzt würde er die praktische Überlegenheit der heliozentrischen Astronomie beweisen. Seine Sterntafeln würden den Stand der Sterne und Planeten, das Eintreten der Finsternisse von Sonne oder Mond auf die Sekunde genau und für Jahrhunderte im voraus anzeigen.

Auf solche Tafeln warteten die Astronomen und Astrologen, die Kalendermacher und Seefahrer. Die Kalendermacher mußten den richtigen Stand der Planeten angeben können. Die Seefahrer brauchten genaue Angaben, um auf den Weiten des Meeres ihren Standort sicher bestimmen zu können. Die Astrologen schließlich mußten ihre Horoskope nach dem Stand der Sterne zur Stunde der Geburt ausrichten. Und die Astronomen, die Sternforscher, brauchten die Tafeln für die Beobachtung des Himmels.

Johannes arbeitete wie besessen. Er befand sich in größter Eile. Die Inquisition war gegen ihn vorgegangen und hatte sein Lehrbuch über die Astronomie des Copernicus verboten. Sie hatte die Astronomie des Copernicus insgesamt verworfen und Galilei verwarnt. Seltsamerweise hatte die Universität Bologna

Johannes zur gleichen Zeit einen Lehrstuhl angeboten, aber die Zeichen schreckten ihn. So ehrenvoll die Berufung auch sein mochte, er fürchtete die Schnüffler der Inquisition, deren Macht er sich nicht ausliefern wollte. Er war die Freiheit der Rede gewohnt und mit den deutschen Sitten verwachsen; er wollte sich keinen Maulkorb umhängen lassen und lehnte ab.

In Linz fühlte er sich noch sicher, obgleich die Kriegsfackel schon in weiten Teilen des Reichs loderte. Aber ein Exemplar seines Werkes »Die Weltharmonie« hatte er vorsorglich dem Senat der freien Reichsstadt Regensburg geschickt mit der Bitte, es in der Stadtbibliothek zu verwahren. »Es gereicht zur Ehre Gottes und mehrt die Erkenntnis über die Natur; es dient der Besserung des menschlichen Lebens und seiner Sehnsucht nach Harmonie. – Möge es in Euren festen Mauern die Wirren des Krieges überdauern.«

Der neue Kaiser Ferdinand II. hatte Johannes noch nicht als Kaiserlichen Mathematiker bestätigt. Mit ihm war die Verfolgung und das Elend über die Grenzen des Erzherzogtums Steiermark hinausgetragen worden. Es war ein Unglück, daß der fanatische Erzherzog sich durchgesetzt, den Aufstand der böhmischen Stände und den kurpfälzischen Gegenkönig in der Schlacht am Weißen Berg bei Prag niedergerungen hatte. Sein Vetter, der Herzog von Bayern und dessen General Tilly hatten für ihn die Kohlen aus dem Feuer geholt.

Johannes dachte an das Blutgericht Ferdinands auf dem Altstädter Markt in Prag. Er hatte gute Freunde zu beklagen, die sich führend an dem Aufstand beteiligt hatten. Ganz Böhmen wurde der katholischen Kirche unterworfen. Viele Flüchtlinge kamen nach Linz, und Johannes half ihnen, wann immer er konnte.

Aber die Gefahr hing auch über Linz wie ein Damoklesschwert. Der Herzog von Bayern erwartete vom Kaiser eine

Entschädigung für seine Dienste und verlangte Oberösterreich als Pfand. Unruhe hastete durch das Land. »Wir unterwerfen uns nicht dem katholischen Fürsten«, sagten die Führer der Stände und der Bauern. »Er wird uns ausplündern und seiner Kirche einverleiben. Ein Hundsfott, wer sich knechten läßt!«

Die evangelischen Fürsten rüsteten sich zum Kampf. Überall zogen die Werber durch das Land und stellten Truppen zusammen. Frankreich, die Niederlande, England, Dänemark und Schweden suchten Vorteil daraus zu ziehen; sie versprachen Geld und schlossen Bündnisse und Gegenbündnisse.

Johannes mahnte in seinen Schriften zur Besinnung und warnte vor der Ausweitung des Krieges. Aber die Parteien wollten nicht den Frieden, sondern die Unterwerfung des anderen. Die Dissonanz des Krieges übertönte die Harmonie der göttlichen Schöpfung. Und doch ging das Leben weiter, Ehen wurden geschlossen, Kinder geboren und Feste gefeiert.

Die Rudolphinischen Tafeln waren noch immer nicht fertig. Johannes haßte die Tretmühle ununterbrochener Rechnerei, und einen Gehilfen konnte er nicht bezahlen. Die Kriegsrüstungen führten zur Entwertung des Geldes, die Lebensmittel wurden immer teurer. Aber der Kaiserhof blieb mit den Geldanweisungen mehr und mehr im Rückstand. Die brieflichen Ermahnungen richteten wenig aus. Notfalls war Johannes entschlossen, seine Ersparnisse anzugreifen. Innerhalb eines Jahres hoffte er, das Tafelwerk vollendet zu haben.

Da kam ein Brief aus Württemberg. Seine Schwester Margarete hatte ihm geschrieben, in höchster Eile. »Unsere Mutter ist als Hexe angeklagt und im Turm in Ketten gelegt worden. Wir fürchten das Schlimmste. Niemand wagt zu helfen. Du bist unsere letzte Hoffnung.«

Die Sonne versank hinter dem Schloßberg, doch Johannes sah, wie Susanna erbleichte. Schon einmal war seine Mutter wegen des Verdachts auf Hexerei behelligt worden. Johannes hatte sie damals an Ort und Stelle verteidigt und ihren Freispruch verlangt. Jahrelang hatten die Behörden den Prozeß verschleppt, aber eingesperrt worden war sie nicht.

»Die arme Mutter«, sagte Susanna. Ihre Augen wurden naß. »Wie kann man nur einer alten, schwachen Frau so etwas antun? Ich habe Angst, entsetzliche Angst.«

»Wir müssen uns fassen«, antwortete Johannes. Er fühlte sich elend. »Ich werde gleich morgen aufbrechen. Aber es wird nicht so schnell gehen, Susanna. Vielleicht kommt ihr alle mit nach Regensburg? Von dort ist es nicht gar so weit bis Stuttgart. Ich könnte euch ab und zu besuchen.«

Susanna begann zu packen. »Ich glaube, sie wollen nicht nur deine Mutter treffen, sondern auch dich. Sohn einer ...« Sie wagte das Wort nicht auszusprechen. »Die Hitzlers werden nie vergessen, daß du ihnen die Stirn geboten und dich durch den Ausschluß vom Abendmahl nicht hast unterkriegen lassen.«

»Ich habe sie unterschätzt«, antwortete Johannes, »sie haben einen günstigen Zeitpunkt abgewartet. Kaiser Matthias ist tot, und sie nehmen an, daß Ferdinand mich als Evangelischen, den er einmal selbst vertrieben hatte, nicht bestätigen wird. Ohne das hohe Amt ...«

»Wirst du der Mutter helfen können?«

Johannes schloß die Kiste, in der er Bücher und Manuskripte eingepackt hatte. Ihm stand das Bild vor Augen, als seine Mutter der Hexe den Betäubungstrank gereicht hatte. Er hatte auch die Worte der Frau Reinbold im Ohr, die seine Mutter vor fünf Jahren nach einer Streiterei angezeigt hatte. »Ja«, sagte er, »ich werde es mit allen Mitteln versuchen. Gott wird uns beistehn.«

In Regensburg konnte Susanna mit den Kindern bei einer befreundeten Familie wohnen. Er wußte sie gut aufgehoben und beeilte sich mit der Weiterfahrt. Angst war ein schlechter Ratgeber, Verwegenheit konnte tödlich werden, er mußte behutsam, aber unerschrocken vorgehen.

Zuerst besuchte er seinen Schwager, Pastor Binder, der mit seiner Schwester Margarete verheiratet war. »Natürlich glaube ich nicht, daß die Mutter meiner Frau eine Hexe ist«, sagte Binder. »Aber was soll ich machen? Das Konsistorium in Stuttgart entläßt mich aus meinem Amt. Wer für eine wenn auch nur vermeintliche Hexe über Gebühr eintritt, ist selbst des Teufels, das weißt du doch auch?«

Margarete wischte sich die rotgeweinten Augen. »Wir haben unsere Mutter hierhergeholt, weil sie in Leonberg angefeindet wurde und nicht mehr sicher war. Heimlich in der Nacht ist der Vogt mit seinen Schergen in unser Haus eingedrungen. Sie haben unsere Mutter in eine Holzkiste gesperrt und in den Turm geschleppt. Die fühlen sich so sicher, daß sie nicht einmal das Haus eines Pfarrers achten.«

Als Johannes seinen Bruder in Leonberg aufsuchte, zuckte dieser ratlos die Schultern. »Was soll ich denn tun?« fragte er und schielte ängstlich nach seinem Meister. »Der Vogt läßt mich glatt in den Kerker werfen. Du tust gerade so, als hätte ich kein Herz in der Brust.« Er hustete und beugte sich über seine Gußformen.

Was waren die Menschen doch für arme Teufel. Dünkten sich frei, aber beugten den Rücken unter der Knute. Den meisten war die Haut näher als das Hemd. Johannes ritt nach Tübingen und suchte den Juristen Besold auf, mit dem er freundliche Briefe gewechselt und manchen Becher Wein getrunken hatte.

»Du kommst zur rechten Zeit«, sagte Besold, »nicht nur wegen der Gewitterwolken draußen.« Er führte Johannes in sein Zimmer, das mit Büchern vollgestopft war. »Deine Mutter hat sich böse Feinde gemacht; die Reinbold allein nimmt keiner ernst, aber hinter ihr steht ihr Bruder, Hofbarbier des Herzogs, und der Vogt, ein Saufkumpan des noblen Bruders.« Besold blies die Backen auf und fuhr fort: »Es besteht wenig Hoffnung, ich will dir nichts vormachen, Johannes. Die Klage wird durch Anzeigen unterstützt, die den Schein der Wahrheit haben. Die Reinbold hat keine Kinder und sagt, deine Mutter hat sie durch einen Trunk unfruchtbar gemacht. Frau Mayer ist tot, ihr Mann sagt, sie starb an einem ebensolchen Trunk. Schulmeister Beutelspacher will davon gelähmt worden sein, und Schneider Schmidt führt das Sicchtum seiner Kinder auf den bösen Blick deiner Mutter zurück. Und so weiter.« Besold verschnaufte und blickte aus dem Fenster auf den schwarzgrauen Himmel, den ein scharfer Blitz zerteilte.

»Neunundvierzig Schmachpunkte hat der Vogt in der Klagschrift zusammengetragen; sie ist über zweihundert Seiten stark. Da liegt eine Abschrift.« Er schlug mit der flachen Hand auf eine dicke Mappe. »Aber hinter allem, sage ich dir, steckt die Rachsucht deiner Feinde. Sie opfern eine alte Frau, um dir einen Makel anzuhängen. Wenn du die Konkordienformel unterschreiben würdest, dann hätten wir bessere Aussichten. Wahrheit gibt es in dieser Sache nicht.«

Er stand auf und holte eine Karaffe Wein. »Ich kenne genug Fälle, in jedem kleinen Ort verbrennen sie alte Frauen. Die jungen Leute vergessen, daß sie auch mal alt werden. Aber die Menschen sind wie versessen auf diese gräßlichen Schauspiele. Sie glauben daran und leider die meisten Würdenträger beider Konfessionen auch.«

Mit einer Besuchserlaubnis kehrte Johannes nach Leonberg zurück. Wie gern hatte er früher das Tor mit dem Fachwerkaufbau gemocht. Sein Magen krampfte sich zusammen, als er die enge Treppe in dem dunklen Schacht emporstieg. Feuchte, muffige Luft und der Gestank von Schweiß, Leder und Exkrementen schlug ihm entgegen. Ein großes Feuer flackerte in der Wachstube, Rauchschwaden hingen unter den angeschwärzten Balken und bissen in die Nase.

Die Mutter lächelte müde, als Johannes neben ihr niederkniete und ihr über die welken Wangen strich. Er spürte das kalte Eisen der Ketten, die ihre Füße und Hände fesselten, und ihm war, als schnürten sie ihm den Hals zu. Johannes brachte kein Wort heraus. Er gab ihr einen Schluck Wein und schnitt Brot und Schinken in Bissen. Sie trank und kaute hastig, ihr Atem ging kurz, nur ihre Augen glänzten wie früher.

»Sie haben mich verhört, aber ich habe alles als böse Erfindung zurückgewiesen. Dieser hinterhältige Vogt ist an allem schuld. Er hat mir die Bibel gezeigt, da hätte ich als Zeichen meiner Unschuld weinen sollen. Aber meine Augen blieben trocken.« Sie schluchzte. »Ich habe im Leben schon so viel geweint, ich kann es nicht mehr.«

Johannes ging zum Vogt, einem mürrischen, hochfahrenden Mann. »Warum quält Ihr meine Mutter?« fragte er.

»Es geschieht alles nach dem Gesetz«, antwortete der Vogt eisig. Er beugte sich über die Württembergische Landordnung und zitierte: »Derjenige, welcher mit dem Teufel sich in ein Bündnis eingelassen und den Leuten durch Zauberei Schaden angetan hat, ist mit dem Feuertod zu bestrafen.«

»Da steht nichts von den Schikanen, die Ihr meiner Mutter antut«, antwortete Johannes zornig. »Eine wehrlose Frau in Ketten, dazu zwei Wächter, schmutziges Stroh und Beschimpfungen.«

»Eure Mutter ist eine Hexe«, rief der Vogt. »Niemand wird sie in Schutz nehmen, es sei denn, er ist selbst des Teufels!«

»Nichts ist erwiesen«, sagte Johannes scharf, »nur unverschämte Verdächtigungen.«

Der Vogt grinste hämisch. »Die Folter wird es an den Tag bringen, wenn die Hexe nicht geständig ist.«

Johannes zog die Pistole. »Wenn Ihr meine Mutter noch einmal eine Hexe nennt, schieße ich Euch auf der Stelle nieder.«

Der Vogt wurde blaß. »Ihr habt eine Amtsperson vor Euch«, stammelte er.

»Einen elenden Verleumder«, sagte Johannes und trat einen Schritt vor. »Auf der Stelle werdet Ihr meiner Mutter Erleichterung zubilligen. Glaubt nur nicht, daß der Herzog sich von seinem Barbier bestimmen läßt.«

Mühsam mußte Johannes seinen Zorn bezwingen. Die Freiheit war ein toter Spatz, wenn ein Verdacht zur Gefangenschaft und ein erpreßtes Geständnis zur Verurteilung genügten. Punkt für Punkt widerlegte er die Anklageschrift. Den Hexenglauben griff er nicht an, denn wer ihn bestritt, galt als von Gott abgefallen. Der Professor für Theologie, Theodor Thum, hatte erst in Tübingen ein Buch über Hexenlist und Hexentrug verfaßt.

Johannes' Eingaben an den Herzog und das Landesgericht sowie die juristische Fakultät in Tübingen verfehlten nicht ganz ihre Wirkung. Außerdem wollte der Herzog einen Skandal vermeiden. Vielleicht wurde Kepler doch noch als Kaiserlicher Mathematiker bestätigt. Er war ja von den Katholiken gut gelitten. Die Juristen der Universität Tübingen sollten ein Gutachten verfassen. Damit war erst einmal Zeit gewonnen und eine hohe rechtliche Prüfung gesichert.

Vierzehn Monate lag die Mutter schon in Ketten. Johannes besuchte sie so oft wie möglich und machte ihr Mut. Seit einem Jahr kämpfte er für ihre Freilassung. Ihren neunundsechzigsten Geburtstag hatte sie im Turm verbringen müssen, aber jetzt gab es eine Hoffnung. »Wir werden es schaffen. Du mußt standhaft bleiben und dich durch nichts einschüchtern lassen.«

»Solange meine Kraft reicht«, stöhnte sie. »Mir tun alle Glieder weh. Meine Brust schmerzt. Ich bin schon halb tot, aber verbrannt werden will ich nicht.«

»Sie werden dir die Folter androhen, hörst du, aber sie dürfen sie nicht anwenden, das habe ich erreicht. Sie müssen dich freilassen, wenn du fest bleibst.«

»Schon dir zuliebe.« Sie richtete sich auf. »Frei sagst du?« Sie kicherte vor sich hin. »Ich wußte, daß du mit ihnen fertig wirst.«

In dem Folterkeller ging der Vogt wütend auf und ab. »Ist Er endlich soweit«, fuhr er den Schreiber an, der ängstlich hinter seinem Pult stand und die Feder spitzte. »Schreib Er: ›Leider hat die Katharina Kepler den Beistand ihres Herrn Sohnes, des Mathematikers.‹ Wir dürfen sie noch einmal verhören, dann können wir ihr die Folter androhen, aber«, er wandte sich den Knechten zu, »foltern dürfen wir sie nicht, schreiben die Herren der juristischen Fakultät. Sie sollen sich täuschen, ich werde die Keplerin auch so zum Geständnis bringen. Holt sie herein.«

»Ihr habt mit dem Teufel einen Pakt geschlossen«, fauchte sie der Vogt an. »Ihr habt den Menschen mit Eurer Zauberei schweren Schaden zugefügt. Seid geständig in Gottes Namen, und Ihr werdet Vergebung finden.«

»Ich habe nichts mit Zauberei zu tun«, antwortete Katharina Kepler leise und bestimmt. »Ich verstehe etwas von Arzneien wie viele Frauen, die keinen Doktor bezahlen können.«

»Ihr habt eine Zauberformel, die heilen und auch verderben kann!« donnerte der Vogt. Seine Stirnadern schwollen an.

»Heiß mir Gott willkommen, Sonn' und Sonnentag«, sagte Frau Kepler. »Kommst dahergeritten, da steht ein Mensch, laß dich bitten, Heiliger Geist und die Heilige Dreifaltigkeit, gebt diesem Menschen Blut und Fleisch, auch gute Gesundheit. –

Das ist mein Spruch, mein Gebet, wie ich es von meiner Mutter gelernt habe.«

»Zum Teufel auch!« fluchte der Vogt. »Das wird nicht aufgeschrieben«, herrschte er den Schreiber an.

»Ihr solltet Eure Bosheiten bekennen, Keplerin«, fuhr der Vogt fort. »Seht Euch die Instrumente an, die Daumenschraube, den Streckgalgen, die Zangen, die im Feuer glühend gemacht und in Eure Weichteile gebohrt werden. Mit den Fußsohlen über glühende Kohlen hat schon mancher Bösewicht seine Schuld gestanden.« Er blickte Katharina Kepler drohend an.

»Ich habe nichts zu gestehen«, antwortete die alte Frau fest. »Und wenn Ihr mit eine Ader nach der anderen aus dem Leib reißt.« Sie kniete nieder, betete ein Vaterunser und rief: »Herrgott, gib ein Zeichen, wenn ich eine Hexe bin.«

Die Feder kratzte auf dem Papier. Der Vogt blickte finster auf die Knieende, die Folterknechte grinsten gelangweilt.

Frau Kepler erhob sich und ging auf den Vogt zu. »Ich bin bereit zum Sterben«, sagte sie entschlossen. »Gott wird die Wahrheit an den Tag geben, daß mir Unrecht geschehen ist. Und wenn ich in Marter und Pein etwas bekennen sollte, so ist es nicht die Wahrheit.«

»Schafft sie mir vom Hals!« schrie der Vogt, der dem Blick der Keplerin nicht standhalten konnte.

Johannes hatte auf die Mutter gewartet. »Ich danke dir«, sagte sie. Ihre Augen füllten sich mit Tränen. »Siehst du, nun kann ich doch noch weinen.«

»Du hast auch mich gerettet«, antwortete Johannes. »Standhaft wie du warst.« Er brachte sie zu seiner Schwester. Als er sich verabschiedete, sagte die Mutter: »Wir werden uns wohl erst im Himmel wiedersehen. Aber wir wollen nicht traurig sein. Ich bin frei.«

13

Erschöpft und erleichtert war Johannes mit Susanna und den Kindern nach Linz zurückgekehrt. Nun wollte er keinen Stein mehr bewegen außer für die Rudolphinischen Tafeln. Nur die bevorstehende Mondfinsternis mußte er noch beobachten.

In einer warmen Augustnacht stieg er mit zwei Begleitern den Pöstlingberg hinauf, der eine halbe Meile von Linz entfernt lag. Dort konnte er auch das Schlagen der Turmuhren hören. Grillen zirpten, ab und zu huschte eine Fledermaus um ihre Köpfe.

Eine Stunde nach Mitternacht schoben sich dicke Wolken über die Berge. Schon wollte Johannes die Geräte einpacken lassen, da klarte der Himmel auf, und der Mond leuchtete in voller Pracht wie vor vielen Jahren in Ellmendingen.

Johannes hatte seinen zusammenklappbaren Dreistab auf einen starken Baumstumpf gestellt und bestimmte die Höhe des Mondes. Eine Kerze oder gar eine Fackel durfte er nicht anzünden, das Gras war knochentrocken. Er hatte Holzkohle eingesteckt, die er nun zum Glühen brachte und, in eine Astgabel geklemmt, dicht an die Markierung des Instruments heranführte.

Als die Finsternis vorüber war, streckte er sich rücklings auf dem Boden aus und verzeichnete mit Bleiweiß die Beobachtungen auf dem taufeuchten Papier. Seine Begleiter hatten inzwischen den Weinkrug geleert und wankten vor ihm den Berg hinunter. Kurz vor Sonnenaufgang erreichte er sein Haus.

Gegen Mittag weckte ihn Susanna. »Ein Bote des Kaisers wartet auf dich«, sagte sie. Johannes sprang auf. Endlich! Was für eine Nachricht mochte er bringen?

Das Gesicht des Kuriers zeigte freundlichen Ernst. Johannes öffnete das Schreiben. «... empfehlen Euch der Gnade ... bestätigen Euch als Kaiserlichen Mathematiker ... erwarten baldige Fertigstellung der Sterntafeln ...« Das hatte Johannes kaum von Ferdinand erwartet.

»Einen besseren Sterngucker findet er ohnehin nicht.« Susanna gab ihm einen herzhaften Kuß.

»Nur wegen der Tafeln, du Sternguckerin.«

Rechnen und schreiben. Eine Seite nach der anderen füllte die Mappe. Aus Straßburg schrieb ein Freund: »Verzeih mir, wenn der Mensch den Menschen an die Sterblichkeit gemahnt. Wer könnte nach dir dein Werk, das für die Ewigkeit bestimmt ist, vollenden? Überflügele doch die elende Zeit durch schnelle Arbeit.«

»Du ermahnst den Falschen«, antwortete Johannes. »Ich bin so gut wie fertig. Aber der Kaiser hat noch keinen Heller für den Druck herausgerückt. Auf meine Stimme hört er nicht. Wir sollten ihn durch einen öffentlichen Brief ermuntern. Ich schicke dir den Entwurf mit. Laß den Brief aber unter einem Pseudonym erscheinen.«

Die Drucklegung des Tafelwerks hing jetzt von der Bewilligung der Geldmittel ab. Sechstausend Gulden hatte Johannes veranschlagt. Sie waren im Vergleich zu den Kosten des unsinnigen Krieges gering. Im Oktober 1624 riß ihm der Geduldsfaden, und er reiste an den Kaiserhof nach Wien.

Er bedrängte den Schatzmeister, aber der vertröstete ihn. Die Monate November und Dezember vergingen. Endlich erschien der offene Brief in Straßburg, der den Kaiser als tauben Schuldner anprangerte. Was würde geschehen?

Warten, warten, warten. Schließlich ließ ihn der Schatzmeister zu sich rufen. »Hier sind Zahlungsanweisungen für die Städte Nürnberg, Memmingen und Kempten. Ihr müßt hinfahren, Euch das Geld holen. Mehr kann der Kaiser nicht tun. Es ist Krieg.«

In Nürnberg erwartete Johannes eine bittere Enttäuschung. »Der Kaiser hat gut reden«, schimpfte der Bürgermeister. »Über einhunderttausend Gulden hat sein Feldherr Wallenstein aus uns herausgepreßt. Wir sind am Ende. Von uns könnt Ihr nichts bekommen.« In Kempten und in Memmingen erging es Johannes etwas besser. Er bekam wenigstens etwas, insgesamt knapp ein Drittel der erforderlichen Summe.

»Ich werde trotzdem mit dem Druck beginnen«, sagte er zu Susanna. »Wir legen das Geld aus. In einem Jahr habe ich es geschafft, dann sieht alles anders aus, der Kaiser wird seine Schulden bezahlen.«

Susanna war nicht davon überzeugt, aber sie wollte Johannes nicht den Mut nehmen und stimmte zu.

Der Drucker Johannes Planck gab sich redlich Mühe. Das Manuskript war schwer zu entziffern, und Johannes mußte ihm jeden Tag einige Stunden helfen.

Es war Anfang Oktober, als er bei seinem Weg in die Druckerei einen Anschlag an der Tür des Rathauses erblickte. Er blieb stehen und las: »Alle evangelischen Bürger, die sich nicht zur katholischen Kirche bekennen wollen, müssen die Stadt in sechs Monaten verlassen haben. Der Stadtkommandant.«

Fassungslos ging Johannes ins Rathaus. Der Stadtkommandant empfing ihn kühl. »Was regt Ihr Euch auf? Ihr seid ausgenommen und der Drucker auch, bis die Tafeln fertig sind. Aber Eure Ketzerbücher müßt Ihr abgeben.«

»Ich brauche meine Bücher alle«, widersetzte sich Johannes. »Andernfalls verantwortet Ihr Euch vor dem Kaiser.«

Der Stadtkommandant zögerte. »Ich werde mich mit den Jesuitenoberen beraten«, sagte er schließlich unwirsch, verärgert über die Grenzen seiner Macht.

Aufgeregt liefen die Menschen von Haus zu Haus. Der Drukker hatte den Anschlag gelesen und saß tatenlos vor der Presse. »Nur eine Gnadenfrist. Am liebsten ginge ich gleich.«

Auch Johannes hatte wenig Lust, die Tafeln in Linz fertigzustellen, doch der Kaiser bestand darauf. »Er will nur den Ruhm für sein Haus Österreich«, sagte Johannes zum Drucker.

Der Fürst war Herr seines Willens, aber nicht Herr seinen Schicksals. Die Bauern erhoben sich gegen den Glaubenszwang und die Ausplünderung durch die bayerischen Besatzungstruppen. Im Juni erreichte das Bauernheer Linz. Rammböcke und Kanonen bedrohten die Mauern. Granaten und Brandpfeile flogen in die Stadt.

Johannes' Haus lag an der Stadtmauer. Er mußte Soldaten aufnehmen und die Türen Tag und Nacht geöffnet lassen. Die Lebensmittel wurden knapp, viele aßen schon Pferdefleisch.

Johannes steckte seine Manuskripte und Bücher in Fässer, die bei einem Brand leicht hinweggerollt werden konnten. Als er die fertigen Druckbogen und Drucktypen verpacken wollte, trafen Brandpfeile und Kugeln die Druckerei. Die Flammen breiteten sich schnell aus. Alles Löschen war vergeblich. Halb erstickt vom Rauch schleppte Johannes die Druckbogen auf einen Wagen. Auch er war nicht Herr seines Schicksals. Doch Planck hatte es viel schwerer getroffen. Er schlug sich gegen den Kopf und rief: »Wofür haben wir das aufgebaut, wofür?«

Vierzehn Wochen dauerte die Belagerung. Siebzig Häuser waren zerstört. Trompetensignale kündeten das Nahen des kaiserlichen Heeres an. Die Bauern zogen sich zurück, die Stadttore wurden geöffnet. Aber Johannes wollte nicht bleiben.

»Hier kann ich die Sterntafeln unmöglich drucken«, schrieb er dem Kaiser.

Johannes war zum Aufbruch entschlossen, mit oder ohne Genehmigung. Der Kaiser willigte ein, und Johannes mietete für sich und seine Familie ein Schiff. Der November begann mit kalten Tagen. Stromauf kam das Schiff nur langsam voran. Nachts froren sie unter ihren Decken. Die Kinder begannen zu fiebern. Johannes mußte sie mit Susanna in Regensburg zurücklassen und mit dem Wagen allein nach Ulm weiterreisen, wo der Drucker Jonas Saur auf ihn wartete.

Johannes spürte die Kälte nicht. Hoffentlich hielt der Drukker, was er versprochen hatte, willig und billig zu sein. Anfangs schien alles gutzugehen, aber dann begann Saur, Forderungen zu stellen, die dreimal so hoch waren wie vereinbart.

»Ihr seid ein Verschwender!« rief Johannes gereizt. »Ich zahle den Druck schon lange aus meiner eigenen Tasche. Wenn Ihr den Vertrag brecht, werde ich Euch verklagen.«

»Ha!« brüllte der Drucker wütend. »Verklagen. Hab' ich vielleicht die Teuerung gemacht?« Er warf Johannes einen Kasten vor die Füße. »Schluß! Ich werde überhaupt nicht mehr für Euch arbeiten!«

Das halbe Buch war fertig. Wo sollte Johannes jetzt noch einen Drucker finden? Er war verzweifelt. Er mußte nachgeben. Am Ende hatte er all seine Ersparnisse in die Rudolphinischen Sterntafeln gesteckt.

Aber gelungen war das Buch. Es war stattlich anzusehen mit dem Frontispiz, auf dem Johannes die großen Astronomen unter einem Tempeldach versammelt hatte. Auch sein eigenes Abbild im Sockel war gut getroffen; auf dem Sockel ruhte das Gebäude. Die neue Astronomie hatte ihr Tafelwerk. Er brauchte es nur noch dem Kaiser zu überreichen und sich sein Geld geben zu lassen, dann war er endlich unabhängig.

Die ehemalige Kaiserstadt hatte sich verändert. Viele von Johannes ehemaligen Freunden waren tot oder vertrieben. Seltsam berührt lief Johannes durch die vertrauten Gassen. Lange starrte Johannes auf das dunkle Wasser der Moldau, bevor er an dem neuen Wallensteinschen Palais vorbei zum Hradschin hochstieg.

Ferdinand II. empfing ihn gnädig und ließ sich ausführlich über das Tafelwerk berichten. »Nun wünsche ich nur noch Eure Entscheidung für unsere Kirche«, sagte der Kaiser freundlich. »Euer Beispiel wird viele Menschen auf den rechten Weg führen.« Er drehte den Kopf, der auf der dicken Halskrause wie auf einem Präsentierteller lag, seinen Hofleuten zu.

Johannes faßte sich ein Herz. »Majestät, meine Studien dienen dem Frieden. Nur in ihm kann mein Werk gedeihen.«

Der Kaiser schob die gekerbte Unterlippe vor. »Ihr sprecht vom Frieden? Er ist unser Ziel. Friede wird sein, wenn die Ketzerkirchen im Reich beseitigt sind.«

»In unserm schönen Land hat man nur noch die Wahl zwischen einem Ort, der schon zerstört ist, oder einem, der bald zerstört werden wird«, sagte Johannes. »Auf solche Art, Majestät, erlangt Ihr den Frieden nicht, Ihr habt es seit zehn Jahren vergeblich versucht. Gott gibt den Dingen ihr Maß und wird den Dingen ein Ende setzen.«

Die Hofleute murrten unwillig über Johannes' Worte. Doch Ferdinand gebot ihnen zu schweigen. »Ihr redet eine kühne Sprache«, sagte er und strich seinen dünnen Bart. »Ich bin nicht gewillt, Gleiches mit Gleichem zu vergelten. Aber auch meine Großmut hat Grenzen. – Doch nun zu Euren Forderungen.«

Der Schatzmeister trat vor. »Wir haben die Aufstellung geprüft. Unsere Kasse schuldet dem Maiserlichen Mathematiker 11817 Gulden.«

»Ihr werdet von uns hören«, sagte der Kaiser. »Ein paar Tage werdet Ihr wohl in Prag bleiben wollen.«

Ein Kaiser brauchte sich über seinen Lebensunterhalt keine Sorgen zu machen. Er konnte von hoher Warte auf die Bedürfnisse der anderen herabsehen.

»Ihr solltet den Kaiser nicht mißverstehen«, tröstete ihn Jesuitenpater Guldin, der Johannes' Werk bewunderte. »Er bietet Euch ein hohes Amt, eine gesicherte Existenz. Ihr könntet Euer Lebenswerk in Ruhe vollenden. Warum wollt Ihr nicht zu uns kommen, nachdem Euch doch die eigene Kirche ausgeschlossen hat?«

»Wenn Ihr mich wenigstens in Frieden arbeiten und nach meinem Verständnis leben lassen wolltet«, antwortete Johannes müde und traurig. »Ich erwarte doch auch nichts von Euch und dem Kaiser.«

»Man wird Euch mit dem Fürsten Wallenstein zusammenbringen«, sagte Pater Guldin schließlich. »Er denkt an eine Universität in Sagan und hat mehr Geld als der Kaiser. Er will Euch tausend Gulden im Jahr bezahlen und die Schuld des Hofes übernehmen.«

Johannes kannte Wallenstein besser als der Pater. Er hatte ihm bereits vor fünfundzwanzig Jahren ein Horoskop gestellt und es vor vier Jahren überarbeitet. Seine Charakteristik war nicht schmeichelhaft gewesen: ein unruhiges Gemüt, auf Neuerungen und seltsame Mittel versessen; verschwiegen, argwöhnisch, mißtrauisch; einsam, ohne Liebe, nur sich und seinen Wollüsten ergeben; hart gegen die Untertanen, aber ansichziehend, streitbar, unverzagt und durch Einbildungen oft furchtsam. Die Untugenden würden sich im Alter abwetzen, hatte Johannes der Charakteristik hinzugefügt. Würden sie es?

Überall ließ Wallenstein sich Schlösser errichten und auf das kostbarste ausstatten, Hunderte von Dienern umgaben ihn. Jetzt beanspruchte er noch die unterworfenen Herzogtümer beider Mecklenburg für sich.

Johannes trat in das Wallensteinsche Palais. Zum ersten Male würde er dem mächtigen Feldherrn gegenübertreten. Ein Diener, gegen dessen kostbare Kleidung sein einfaches Gewand abstach, führte ihn in einen halbdunklen Saal. Wallenstein stand neben dem Kamin, in dem ein wildes Feuer brannte. Er war groß, sein Gesicht verschlossen, die Augen von dunklem Glanz.

»Ihr seid mir willkommen«, eröffnete Wallenstein das Gespräch. »Euer Horoskop hat mir gefallen, obgleich es ziemlich deftig ist. Manche Eurer Deutungen haben sich bewahrheitet. Tretet in meine Dienste. In Sagan bekommt Ihr Wohnung und eine Druckerei. Ich brauche von Euch nur genaue Sterntagebücher über die tägliche Stellung der Himmelskörper. Religiöse Vorurteile kenne ich nicht; in meiner Armee dienen hohe Offiziere Eurer Konfession.«

Johannes trag näher und überreichte Wallenstein ein Exemplar der Rudolphinischen Tafeln. »Ich nehme Euer Angebot an«, sagte er. »Ihr wollt die Wissenschaft fördern. Das steht einem Fürsten besser an als Krieg zu führen.«

Wallenstein vertiefte sich in die Rudolphinischen Tafeln und schien Johannes vergessen zu haben. So verließ dieser den Raum und wunderte sich, daß er noch am gleichen Tag den Vertrag erhielt.

Sagan lag in Schlesien, weitab von den großen Städten des Reichs und von Johannes' Heimat, aber die Stellung war vielversprechend, und er war sein eigener Herr. Susanna wußte nicht recht, ob sie sich freuen sollte, doch es blieb keine andere Wahl. Sie waren heimatlos. Im Juli brachen sie mit ihren Kindern auf.

Der Landeshauptmann empfing Johannes freundlich. »Nur um die Druckerei müßt Ihr Euch selbst kümmern, Kepler«, schloß er seine Begrüßung. »Ich verstehe etwas von Pferden, aber nichts von der Schwarzen Kunst.«

Der evangelische Pfarrer zeigte ein abwesendes Gesicht. »Dein Ausschluß aus der Kirche erlaubt mir nicht, dir und deiner Familie einen Sitz in der Kirche zu geben.«

»Möge Gott Euch beschützen.« Johannes ging bedrückt in seine große Wohnung. »So werden wir hier wohl mehr Gäste bleiben als heimisch werden«, sagte Susanna.

Sagan war gegenüber Graz oder Linz oder Ulm eine winzige Stadt mit einem Schloß, zwei Kirchen, einigen Türmen, einer kleinen Mauer, die ein paar Wohnhäuser und Stallungen umschloß. Es dauerte fast anderthalb Jahre, bis Johannes endlich die Druckerei einrichten konnte. Nun konnte er die Sterntagebücher und seine Schrift vom Mond drucken.

Aber das Leben in Sagan empfand er mehr und mehr als unerträglich, da nun auch Wallenstein die evangelische Kirche verboten hatte. Die Unterdrückung der Freiheit führte wie überall zu traurigen und entwürdigenden Schauspielen. Heuchelei, Angst, Mißtrauen und heimliche Feindschaften entfremdeten die Menschen. Glaubens- und Gewissensfreiheit gerieten in Gefahr durch die Partei, die die Herrschaft einzig für sich allein beanspruchte.

Als Wallenstein aus Mecklenburg und Pommern zurückgekehrt war, ohne Stralsund erobert zu haben, verlangte er von Johannes die Weiterführung seines Horoskops. »Meine Freunde suchen mich dem Kaiser zu entfremden, Kepler. Ich will wissen, was Ihr aus den Sternen für mich herauslest.«

»Die Sterne zwingen nicht, Euer Ehren, sie machen nur geneigt.«

»Sprecht nicht in Rätseln. Ihr sollt Euch mir nicht verweigern.« Wallenstein blickte ihn finster an.

»Ich bin kein Komödiant, sondern Astronom«, antwortete Johannes, ohne sich seine Furcht anmerken zu lassen. »Wer gern mit sehenden Augen betrogen werden will, der gehe zu den Kurpfuschern. Jemand, der glaubt, tägliche Ereignisse können aus den Sternen geweissagt werden, der ist noch nie richtig in die Schule gegangen, der hat sein Licht der Vernunft noch nie recht geputzt.«

Wallensteins Gesicht färbte sich dunkelrot. Johannes glaubte, er würde sich wütend auf ihn stürzen, doch Wallenstein bezwang sich. »Was Euer Fürst glaubt oder nicht, das überlaßt gefälligst dem Fürsten«, sagte er bissig.

»Ich möchte Euch an das Versprechen erinnern, daß Ihr mir die elftausend Gulden auszahlen wolltet, Euer Ehren.«

»Damit Ihr tun und lassen könnt, was Euch gefällt.« Wallenstein lachte trocken. »Ihr könnt eine Professur in Rostock bekommen. Ich habe auch einen Gutshof für Euch, mehr als elftausend Gulden wert. Er gehörte einem verjagten Protestanten. Ihr könnt auch in Sagan bleiben, Geld habe ich für Euch nicht. Steht das nicht in den Sternen geschrieben?«

Johannes spürte den Hohn und sagte: »Wenn Ihr den Krieg beenden und in Euren Landen die Freiheit des Glaubens nicht nur versprechen, sondern auch halten würdet, Euer Ehren, dann würden sich die Sterne mit dem Edlen Eures Charakters und dem Guten Eurer Handlung verbünden.«

Wallenstein antwortete nicht und entließ Johannes mit einer Handbewegung. Johannes wußte nun endlich, woran er war. Er lehnte den Kopf an Susannas Brust und spürte ihre Hand im Nacken.

»Wir sind hier nur noch geduldet«, sagte er. »Ich muß zum Reichstag nach Regensburg. Der Kaiser muß seine Schuld bezahlen, dann ziehen wir in eine sichere freie Reichsstadt. Vielleicht nach Ulm oder Regensburg.«

Susanna drückte ihre Lippen auf sein Haar. »Ungern laß ich dich diese weite Reise machen. Du wirst bald neunundfünfzig.« Sie fühlte eine große Traurigkeit.

»Ich hole euch bald nach und nehme schon meine Bücher und Schriften mit«, antwortete Johannes. Er trat ans Fenster und blickte auf das buntgefärbte Laub.

Der Weg nach Regensburg war weit. Johannes erreichte Leipzig im Oktober. Die Tage waren schon kalt. Er fror auf dem Pferd. In einer Herberge bat ihn der Wirt um ein paar Zeilen zur Erinnerung. Johannes tauchte die Feder in die Tinte und schrieb: »Mochte einer dem Gestürzten seinen Fall vorwerfen; und folgt ihm doch selber im Sturz. Oh, tapfer warst du vor der Gefahr, wie eitel war deine Tugend.«

Als er Regensburg erreichte, fühlte er sich matt wie noch nie. Er schwitzte, und das Fieber stieg immer höher. Die Wirtsleute dort versorgten ihn, so gut sie konnten.

»Wenn auf der Erde alle vertrieben werden«, sagte Johannes, »dann wird mein Buch über den Mond ein guter Wegführer dorthin sein.«

»Das möge Gott verhüten«, antwortete der Wirt erschrokken.

»Einmal ist das Leben zu Ende«, sagte Johannes. »Meine jüngste Tochter ist nicht einmal ein Jahr alt.« Er stützte sich auf und bat: »Holt mir den Pfarrer und gebt mir ein Blatt Papier, ich möchte etwas schreiben.«

Der Wirt schickte seine Frau zum Pfarrer und legte das Papier bereit.

»Meine Mutter ist schon tot«, sagte Johannes. »Die Flammen sind verloschen. Wo ist meine Schöne, meine Susanna? Schreib ihr, hörst du? Sie wird sehr traurig sein.«

Der Wirt nickte bestürzt und starrte auf den Zettel, den Johannes mit zitternder Hand beschrieb. »Hier ruht Johannes Kepler, dreißig Jahre hindurch Mathematikus dreier Kaiser, vorher aber der steirischen Landschaft von 1594 bis 1600, dann auch der oberösterreichischen Stände von 1612 bis zum Jahre 1628, der ganzen Christenheit bekannt durch seine Schriften, von allen Gelehrten den Fürsten der Astronomie zugezählt, der sich diese Grabschrift selbst bestimmt hat: Himmel hab' ich gemessen, jetzt meß' ich die Schatten der Erde. Himmlischen Lebens mein Geist, Schatten mein Leib. Gottergeben starb er in Christo im Jahre des Heils 1630 den 5. November im sechzigsten Jahr seines Lebens.«

Johannes' Kopf sank auf den Tisch. Die Feder entglitt seiner Hand. Ein Blitz flammte über den Himmel.

Der Pfarrer betrat das Zimmer und richtete Johannes auf. »Wodurch willst du selig werden, Johannes Kepler!«

»Einzig durch unsern Erlöser Jesus Christus«, flüsterte er. »Meine liebe Frau, meine Kinder ...« Er streckte einen Arm aus und fiel zurück.

»Tot,« sagte der Pfarrer leise und blickte aus dem Fenster auf den gewitterdunklen Himmel.

Zeittafel

1571 Johannes Kepler in Weil der Stadt am 27.12. geboren.
1576 Kepler besucht die Lateinschule in Leonberg.
1577 Tycho de Brahe bezeichnet die Kometen als Gestirne.
1582 Papst Gregor XIII. führt einen neuen Kalender ein, der die Übereinstimmung mit dem Lauf der Sonne herstellt.
1583 Kepler besteht das Landesexamen in Stuttgart und besucht von 1584 bis 1588 die Klosterschulen Adelberg und Maulbronn, wo er das »Baccalaureat« erwirbt.
1589 Kepler studiert an der Universität Tübingen Theologie, Mathematik und Astronomie und erhält 1591 die philosophische Magisterwürde. – Galileo Galilei wird Professor an der Universität Pisa.
1594 Ein Jahr vor dem Abschluß seines Theologiestudiums wird Kepler Mathematiklehrer an der Landschaftsschule in Graz.
1596 Kepler publiziert in seinem Buch »Das Weltgeheimnis« neue Vorstellungen über den Kosmos und heiratet 1597 Barbara Müller.
1598 Ausweisung Keplers aus Graz wegen seines Bekenntnisses zur evangelischen Kirche.
1600 Übersiedelung nach Prag und Zusammenarbeit mit dem erfahrenen Astronomen Tycho de Brahe.
1601 Tod Tycho de Brahes; Kepler soll de Brahes Werk fortführen und wird Kaiserlicher Mathematiker.
1604 Kepler publiziert sein Buch »Grundlagen der geometrischen Optik«, das er 1611 mit seinem Buch »Dioptrik« weiterführt.

1606 Kepler publiziert ein Buch über den 1604 erschienenen neuen Stern im Fuß des »Schlangenträgers«.

1609 Kepler publiziert »Die neue Astronomie«, die erste Physik des Himmels mit den Gesetzen über die Planetenbewegung – Ellipsenform der Bahn und ungleichmäßige Geschwindigkeit –.

1610 Galilei entdeckt mit dem Fernrohr Berge und Täler auf dem Mond und vier Trabanten des Jupiter-Planeten und publiziert sein Buch »Der Sternenbote«. Kepler erkennt Galileis Entdeckungen in seinem Buch »Unterredung mit dem Sternenboten« als erster an.

1611 Kriegsunruhen und Seuchen in Prag. Keplers Sohn Friedrich und seine Frau sterben.

1612 Der Nachfolger von Kaiser Rudolf II., Matthias, bestätigt Kepler als Kaiserlichen Mathematiker und erlaubt ihm die Übernahme des Amtes eines Landschaftsmathematikers von Oberösterreich. Übersiedlung nach Linz und 1613 Heirat mit Susanna Reuttinger.

1613 Auf dem Reichstag zu Regensburg fordert Kepler alle zur Annahme des Gregorianischen Kalenders auf.

1615 Kepler publiziert sein Buch »Neue Raummeßkunst für Weinfässer«.

1617 Keplers Mutter wird als »Hexe« verfolgt; Kepler reist mehrmals zu ihrer Unterstützung nach Württemberg, befreit sie 1620 aus dem Gefängnis und rettet sie dadurch vor dem Scheiterhaufen.

1618 Kepler entdeckt das Gesetz über den Zusammenhang des Umlaufs und Abstands der Planeten von der Sonne und publiziert sein Buch »Weltharmonie«; des weiteren ein Lehrbuch über die Copernicanische Astronomie; 2. Teil 1621. – Fenstersturz zu Prag und Beginn des Dreißigjährigen Krieges.

1619 Der Nachfolger von Kaiser Matthias, Ferdinand II., bestätigt Kepler als Kaiserlichen Mathematiker.

1626 Nach der Ausweisung aller Evangelischen aus Linz 1625 geht Kepler nach Ulm und vollendet den Druck der Rudolphinischen Tafeln 1627.

1627 Kepler nimmt das Stellenangebot Wallensteins an und zieht mit seiner Familie nach Sagan (Schlesien), wo er bis 1630 Sterntagebücher veröffentlicht und an seinem Buch »Traum vom Mond« arbeitet, das 1634 erscheint.

1630 Reise zum Reichstag nach Regensburg und Tod am 15. November in Regensburg.